U0817835

大家小书

中国古代史学十讲

瞿林东　著

北京出版集团公司
北京出版社

图书在版编目（CIP）数据

中国古代史学十讲 / 瞿林东著. — 北京 : 北京出版社, 2017. 1

（大家小书）

ISBN 978 - 7 - 200 - 12573 - 3

Ⅰ. ①中… Ⅱ. ①瞿… Ⅲ. ①史学史—研究—中国—古代 Ⅳ. ①K092. 2

中国版本图书馆 CIP 数据核字(2016)第 245932 号

· 大家小书 ·

中国古代史学十讲

ZHONGGUO GUDAI SHIXUE SHI JIANG

瞿林东　著

*

北京出版集团公司
北京出版社　出版

（北京北三环中路 6 号　邮政编码：100120）

网　址：www.bph.com.cn

北京出版集团公司总发行

新华书店经销

北京华联印刷有限公司印刷

*

880 毫米 × 1230 毫米　32 开本　9. 5 印张　160 千字

2017 年 1 月第 1 版　2017 年 1 月第 1 次印刷

ISBN 978 - 7 - 200 - 12573 - 3

定价：38. 00 元

如有印装质量问题，由本社负责调换

质量监督电话：010 - 58572393

序　　言

袁行霈

“大家小书”，是一个很俏皮的名称。此所谓“大家”，包括两方面的含义：一、书的作者是大家；二、书是写给大家看的，是大家的读物。所谓“小书”者，只是就其篇幅而言，篇幅显得小一些罢了。若论学术性则不但不轻，有些倒是相当重。其实，篇幅大小也是相对的，一部书十万字，在今天的印刷条件下，似乎算小书，若在老子、孔子的时代，又何尝就小呢？

编辑这套丛书，有一个用意就是节省读者的时间，让读者在较短的时间内获得较多的知识。在信息爆炸的时代，人们要学的东西太多了。补习，遂成为经常的需要。如果不善于补习，东抓一把，西抓一把，今天补这，明天补那，效果未必很好。如果把读书当成吃补药，还会失去读书时应有的那份从容和快乐。这套丛书每本的篇幅都小，读者即使细细地阅读慢慢地体味，也花不了多少时间，可以充分享受读书的乐趣。如果把它们当成补药来吃也行，剂量小，吃起来方便，消化起来也容易。

我们还有一个用意，就是想做一点文化积累的工作。把那些经过时间考验的、读者认同的著作，搜集到一起印刷出版，使之不至于泯没。有些书曾经畅销一时，但现在已经不容易得到；有些书当时或许没有引起很多人注意，但时间证明它们价值不菲。这两类书都需要挖掘出来，让它们重现光芒。科技类的图书偏重实用，一过时就不会有太多读者了，除了研究科技史的人还要用到之外。人文科学则不然，有许多书是常读常新的。然而，这套丛书也不都是旧书的重版，我们也想请一些著名的学者新写一些学术性和普及性兼备的小书，以满足读者日益增长的需求。

“大家小书”的开本不大，读者可以揣进衣兜里，随时随地掏出来读上几页。在路边等人的时候，在排队买戏票的时候，在车上、在公园里，都可以读。这样的读者多了，会为社会增添一些文化的色彩和学习的气氛，岂不是一件好事吗？

“大家小书”出版在即，出版社同志命我撰序说明原委。既然这套丛书标示书之小，序言当然也应以短小为宜。该说的都说了，就此搁笔吧。

如何读懂中国古代史学

邹兆辰

瞿林东先生的《中国古代史学十讲》是一本概括论述有关中国古代史学若干重要问题的学术性与通俗性相结合的著作，也可以看作是一部简明的中国古代史学概论。

瞿先生是北京师范大学资深教授，在四十年的中国史学史研究中，有丰厚的学术积累。他勤奋治学、熟读典籍、视野广阔、关注古今、著作宏富，并培养了一大批青年史学人才。他对白寿彝先生的学术经历和学术理念有深刻的理解和研究，为弘扬白寿彝先生的学术风范做了大量的工作。同时，在自己的学术研究中秉承白寿彝先生的治学宗旨和学术理念，在研究中多有发展和突破。

《中国古代史学十讲》是根据瞿先生撰写的十篇独立的论文构成的，每篇为一讲。虽然文章写于不同时期，每篇有各自的内容，但组合起来便构成了一个有内在逻辑联系的完整的体系。中国史学史是一个内容极其丰富的学科，史学家们可以根据自己的知识结构，从不同的视角选择不同的内容来撰写普及性的小册子。比如说，可以选择十部重要的史学名著及史家来进行介绍，使读者可以对于史学史有一个概括的了解。这种撰写模式固然可以使读者得到一些关于史学史的一般知识，但是对于从总体上了解史学史学科的特性、发展和时代价值以及对于史家素养的要求等理论性的问题则难以达到。鉴于本书的读者应该是具有初步史学知识的大学生以及史学工作者、爱好者，考虑到应该帮助读者从对史学史具有一般的感性认识提高到具有一定理性认识的水平，因而瞿林东先生采取了现在的撰写模式。这里的一些文章，原本就是在大学历史系针对大学生所做的讲座整理而成的，具有很强的针对性。

在《中国古代史学十讲》中，瞿先生从时代发展对历史学的要求出发，选择了当代大学生和史学爱好者最应该关注、了解的问题进行论述。大致涉及中国古代史学的特点、中国古代历史理论的发展趋势、中国古代史学理论的发展趋势、史学的社会功能 、史学的人文精神、史学工作者的素养、史学遗产的时代价值等问题。

本书的内容涉及较广，这里有必要向读者提出一些阅读本书时需要特别关注的问题：

（一）如何看待中国史学所具有的特性？

长期以来，中国史学的特性不能够被人们正确认识。在一些人看来，那些汗牛充栋的史学著作，反映的都是过时的东西。而且，那些史书反映的历史观都是唯心史观，是需要批判的。稍微好一点的看法是认为它们还可以作为研究历史的资料。瞿先生指出：应该辩证地看待中国的传统史学，剔除其中过时的东西，它仍然是一座瑰丽的宝库，是中国传统文化的重要组成部分。怎样认识这座宝库，怎样发挥它在社会主义现代化建设中的积极作用，是一个具有理论意义和实践意义的课题。

本书的第一讲就论述了中国传统史学所具有的多样性、社会性、时代性的特征。

多样性主要指，中国史学经过长期的发展，熔炼成四种主要体裁即编年体、纪传体、典制体、纪事本末体，此外还有学案、史表、图谱、评论等等很重要的体裁。这种多样性，为今天史学的发展提供了有益的借鉴。

社会性指史学的内容涉及社会生活的方方面面。例如，《史记》就是记述汉初历史的百科全书式的巨著。一方面记述了自传说中的黄帝至汉武帝时期历史演进的过程，以及在这个发展过程中的各个阶层的人物；一方面又记载了社会生活的许多侧面，包含礼乐制度、天文知识、地理环境、社会经济政策等。《史记》以后的史学著作大体上也是继承了这些特点的。

时代性则主要表现为，中国史家对待史学工作历来有一种反映时代面貌和要求的认识与实践。一方面，史家站在时代的高度不断对历史做出新的总结；另一方面，也从对历史的总结中直接或间接地反映出时代的要求。

（二）从理论的视角考察中国古代史学是如何发展、进步的。

中国史学经历过长期的发展历程，在这一历程中有太多优秀的史著、史家可以介绍，如果在这部书里一本本、一人人地加以介绍，那就不如去读一本简明的史学史著作。瞿先生以深邃的目光在透视这个浩瀚的史书世界时，紧紧抓住“理论”这根主线，从历史理论和史学理论这两个方面，梳理出史学发展、进步的轨迹。这样，中国史学史就不再是一堆静止的史学名著，而是人类精神文化的一个活生生的发展过程。这里有许多有价值的思想文化遗产需要我们去借鉴、去继承。

中国古代历史理论发展大势，按历史时段划分：先秦、秦、汉时期是其形成阶段；魏、晋、南北朝、隋、唐时期是其发展阶段；五代、宋、辽、金、元、明、清（1840年前）时期是其繁荣时期。

先秦、秦、汉时期的史学，是中国史学的源头和根基。所谓源头，一是中国历史上出现了最早的文字记载；二是出现了最早的史官；三是王室和各诸侯国出现了国史；四是出现了私人著史的现象。所谓根基，是秦汉大一统的政治局面和历史条件造就了规模宏大的史学，为此后两千多年中国史学的发展奠定了深厚的基础，这就是《史记》《汉书》的先后问世。此时，中国古代历史理论开始形成，并产生了具有标志性的成果。如在天与人的关系、古与今的关系、君主与国家的关系、地理条件与社会发展的关系、民族与文化的关系、兴亡之辨与历史鉴戒的关系都有所论述。

魏、晋、南北朝、隋、唐时期，是中国封建社会的发展时期，生产力水平的提高和科学技术的进步，以及与之相适应的生产关系的变化、思想文化领域的活跃等等，是这一发展阶段的主要标志。前一个时期提出的重大理论问题，有些问题在这个时期都有了更深入、更全面的认识；同时提出了前一个时期未曾提出的新问题，出现了足以反映中国古代历史理论发展的标志性著作，如魏徵、杜佑、柳宗元的史论。

五代、宋、辽、金、元、明、清（1840年以前）时期，是中国封建社会进一步发展和走向衰老的时期。从总体上看，它沿着已经走过的轨迹继续前行，并踏进了繁荣的门槛，而在繁荣之际，也就出现了一些新的变化及特征。纵观这一时期的中国古代历史理论的进程，一方面出现了繁荣的景象，另一方面是于繁荣之中显示出嬗变的趋势，成为中国早期启蒙思想的一个部分。

（三）提出并系统地论述了史学批评的理论。

瞿先生在书中系统地阐述了史学批评理论的产生和演进，论述了史学批评的方法。他认为，魏、晋、南北朝、隋、唐时期中国史学有了很大发展，提出了系统的史学批评理论，而刘知幾的《史通》，就是这方面的标志性成果。其主要内容是：史书内容的范围，撰史原则，史书的体裁、体例，史书的文字表述，史家作史态度，史学的功用等。

五代、辽、宋、西夏、金、元时期，尤其是两宋时期，史学批评在相当广泛的范围里进一步展开，史学理论在不少问题的认识上更加深入，表现形式上也更加丰富。明、清时期，有两个极明显的特点，一是越来越具有更广泛的社会性，二是出现了批判、总结的趋势，同时也萌生着嬗变的迹象。章学诚从理论上全面总结中国古代史学，所著《文史通义》《校雠通义》在史学理论上有重大建树。如提出了“六经皆史”的论点；提出了“史法”和“史意”的区别，“撰述”与“记注”的区别，以“圆神”“方智”为史学的两大宗门；提出了历史编撰上“神奇”与“臭腐”互相转化、发展的辩证法则。章学诚提出的“史德—心术”论，发展了刘知幾的“史才三长”说，把史家自身修养的理论提高到一个新的阶段。

瞿先生还专门论述了古代史家史学批评的辩证方法，包括怎样看待同一史事的不同评论，怎样看待不同史书体裁的长短，怎样看待历史撰述中诸因素的关系，怎样看待史书的内容、形式及历史条件，怎样看待不同类型史书的得失等问题。他指出：辩证方法是史学批评中的重要方法，古代史家所提供的思想资料和批评例证，在今日的史学批评中仍有借鉴、参考价值。

（四）怎样做一个好的史学工作者?

第一，必须有明确的角色意识与责任担当。

瞿先生以晋国史官董狐和齐国太史为例，说明这种角色意识的核心是对史官职守的虔诚和忠贞。孔子作《春秋》，则体现史家之角色意识的发展。司马迁著《史记》，目标是“究天人之际，通古今之变，成一家之言”，是史家之角色意识的进一步发展。司马光撰《资治通鉴》是“专取关国家盛衰，系生民休戚，善可为法，恶可为戒者”入史，表明史家之角色意识与社会责任的联系和统一。

第二，史家在“才、学、识”方面的修养。

刘知幾说一个优秀的史学家要具备“才、学、识”三个长处。我们今天从事历史撰述，也要从“才、学、识”三个方面进行修养。用今天的语言来解释“才、学、识”，应该包括理论、材料和文章三个方面。我们要以一定的理论即唯物史观的理论体系作为我们研究问题的指导，同时要有材料作为研究的基础。还要有见解，即对于历史进行思考和判断、分析的能力。

第三，要善于叙事。

什么是叙事?直白的说法就是叙述事情的过程，讲清楚事情的原因和结果。叙事，它是“才”和“学”的结合。优秀的史书在于叙事之美。叙事之美有几个要求，第一是“尚简”，就是推崇简要，不要繁琐；第二是“用晦”，即文章要写得含蓄；第三要有时代感，写文章、写著作要尽量用当代的语言；第四，叙述要平实，遣词造句应该力求准确，行文要流畅，如行云流水。

第四，要善于议论。

议论的魅力就在于通过一定的事实判断和价值判断给人一种理论的启示和理性的满足。如果说叙事能够具有魅力是因为它能够使人有身临其境的感觉，那议论的魅力就在于它能提升人们的理论思考，使人们得到一种理性追求上的满足。

（五）有关中国史学的若干新理念。

中国史学是一门传统的学科，它的基本话语体系是在史学长期的发展过程中逐步形成的，许多概念一直延续到今天我们还在广泛运用，并且赋予了新的内涵。随着时代的发展、学术的进步，我们需要建立新的话语体系来推动史学史学科的发展，使其在当代社会生活中发挥更大的作用。

瞿林东先生在长期的史学史教学与研究实践中，除了运用传统的话语体系之外，也提出一些新的理念、新的思考。比如，对史学批评的理论、方法的深入挖掘和系统阐述，大大丰富了中国古代史学思想的内容，这一点在前面已经有所论述，此外还有一些问题值得特别的关注。

第一，关于史学的人文精神。

本书用一讲的篇幅讲史学的人文精神，很值得关注。瞿先生认为，由于中国古代史学至为发达，所谓“观乎人文，以化成天下”的传统，在史学中有突出的和连续性的表现，这是西方古代尤其是中世纪所无法比拟的。我们探讨中国史学中的人文精神传统及其种种表现，将有益于丰富人们对人文精神内涵的认识，有益于继承和发扬这种人文精神，因而在理论上和实践上都有重要的意义。举例说来，中国史学中的人本思想传统、“思齐”与“自省”的人生修养的传统、关心国家命运的忧患意识的传统等，都反映出极其鲜明的人文精神。

能够从人文传统的角度去考察中国史学，这是瞿先生匠心独具之处。书中着力论述了史学中的人本思想传统、史学中的惩劝宗旨传统、史学中的忧患意识传统以及史学中的审美要求传统等问题。这些问题的论述都极具启发性，值得读者特别关注。

第二，关于历史智慧。

本书中有一讲谈历史智慧，使人感到有一种新鲜感。这里所谓历史智慧，是指历史上的人们对事物能够认识、辨析、判断、处理和发明创造的能力，是指他们关于对待社会与自然及其相互关系的才智、智谋。换言之，所谓历史智慧，是历史上的人们所创造、所积累的智慧。历史智慧，是同现代科学知识、认识能力相对而言的；但是，正如人们不应当割断历史一样，人们不应当、也不可能割断历史智慧同现代科学知识、认识能力之间的联系。

瞿林东先生提出了史学史中体现历史智慧的若干理念。例如，历代史家对于“鉴”的认识，就是具有历史智慧的重要表现。还有“势”的范畴，也十分值得探讨。而关于“势”的探究，又引发了对于“理”的进一步认识。此外，提出“欲知道者，必先为史”，只有“出乎史”，才能“入乎道”；因此，要懂得“道”，首先要读史。总而言之，历代史家关于“鉴”“势”“理”“道”的阐述，从几个重要的理论范畴揭示出史学中所蕴含的高层次的历史智慧，也反映了在历史和史学的发展过程中，历史智慧之积累和提炼的过程。正如毛泽东所说，中国历史中有很多“珍贵品”，从一定的意义上说，这正是中华民族在历史上种种智慧创造的结晶和顽强奋斗的精神。

瞿先生也提出了怎样从史学中汲取更多智慧的问题：首先，要正确对待新鲜智慧同历史智慧的关系。我们必须认识到，处于改革开放时代的中国人，面向21世纪的中国人，必须不断学习新知识，同时绝不能遗忘、轻视历史智慧的历史意义和现代价值。其次，要提高从史学中汲取历史智慧的自觉性，从而提高全民族的精神素质和科学素质。再次，史学工作者要充分地认识到肩负的责任，撰写出内容充实、根据可靠而又富于启迪性的著作。最后，端正学风，是从史学中汲取更多智慧的关键。明确的社会责任感和严谨的治学精神是完全统一的。以正确的态度和良好的学风对待史学，不仅仅是史学工作者的事情，也是社会应当关注的事情。只有这样，我们才能从史学中汲取更多的智慧，裨益我们的社会实践。

第三，历史学——我们的一个精神家园。

瞿先生用这一提法来概括我们今天对历史学的认识：历史学是什么？是我们的一个精神家园。“精神家园”的内涵都包括什么呢？一是民族精神。守护我们的精神家园，首先就要弘扬中华民族的民族精神。毫无疑问，作为炎黄子孙，作为中华民族的一员，我们当然要具有民族精神，不能丧失民族气节。二是忧患意识。一个人也好，一个民族、一个国家也好，总应该有忧患意识，可见，忧患意识反映了人们对人生、对社会的积极态度，是一种自信的精神。三是爱国主义。爱国主义是我们的精神家园，我们对此都有着深刻的认识。我们热爱我们的国家，热爱我们祖国辽阔的土地，我们因为是一个中国人而骄傲。

这本瞿林东先生积数十年中国史学史教学与研究的经验体会所提炼出的，充满新思想、新理念的简明史学史著作，具有以下的特点：

第一，高屋建瓴、宏观思考。中国史学的内容极其丰富，如何在这部简明的小册子中向读者讲述一些最根本的问题呢？瞿林东先生是站在中国史学整体高度来思考有关史学的重大问题的，所以所谈的问题具有相当的理论性、全局性，它们既是史学本身的问题，也是需要社会上广大读者了解的问题。

第二，理论与实际相结合。本书的全部论述都是建立在对中国史学之发展实际的具体考察基础上的，论述中闪烁着中国历代优秀史学著作、优秀史学家的思想光辉。其全部论述的基础，是来自对这些史学遗产精华的梳理和提炼。中国史学史上许多重要史学著作的撰述思想、优秀史学家的精辟论述，都可以在本书中读到。

第三，理论的逻辑性和具体的历史叙述相结合。书中虽然是以问题为导向，就中国古代史学中的若干重要问题加以论述，但对于每个问题的阐述仍然遵循了历史的发展历程，以历史的方法来进行论述。所以，这不仅是一部有关史学理论问题的著作，也是一部史学史的著作。

第四，本书的时代性特征。中国史学具有数千年的发展历程，它的基本内容都反映了过去的史学状况。但是，瞿林东先生站在21世纪的时代高度来反思、总结史学中的问题，运用了许多新理念，反映了当代史学研究的最新思考，是一部站在时代前沿的著作。

第五，具有很强的针对性。本书的论述，虽然是以史学本身的理论问题为基础的，但瞿先生论述中所针对的却是当前社会状况、史学发展状况、当代史学工作者特别是未来的史学工作者的状况而谈的。一些史学工作者、学习历史专业的大学生，尽管已经具备了某些方面的历史知识，但是对历史学自身的发展历程、历史学的特性以及时代要求，往往并不了解，或者说了解得并不深刻，这对他们进一步学习或研究历史都是不利的。因此，本书不仅满足了社会广大读者了解中国史学的需求，而且对于专业史学工作者也是很有启发和帮助的。从这个意义上说，这部著作具有知识性，更具有学术性，值得学术界与广大读者关注和重视。

2016年10月

目 录

题　记

一

“大家小书”是“大家写给大家看的书”，我有机会出版这么一本“小书”，是件兴奋的事情；但忝列“大家”之名，却又惶恐不安！心情如此，也就实话实说。

二

我于1977年着手研究中国史学史，至今不觉已经四十年了，平时同师友闲谈，有一种共同的感觉：读书越多，越是感到读书太少。俗话说“学海无涯”，诚然是生活中的真理。

三

四十年来，文章，发表了一些；专书，也出版了几本。然而“学问”究竟做得怎样，文章、专著是否有学术价值，这是要由时间和读者来检验和评定的。自己能够有所肯定的只是：没有虚掷年华罢了。

四

先师白寿彝先生在讲到有关中国史学史研究的方法时这样说道："在史学史的编撰上，一个史学家一个史学家地写，一部史学名著一部史学名著地写，这可以说是必要的，也可以说是研究过程中所难免的。但是否可以要求更高一些，要求更上一层楼，是否可以把这些以人为主、以书为主的许多框框综合起来，展示出各个历史时期史学发展的清晰面貌呢？这当然不容易，但总不失为一个可以考虑的前进方向吧。"（《白寿彝史学论集》下，北京师范大学出版社1994年版，第605页）这给我们很大启发。我按照这个方法研究、撰写中国史学史方面的著作，也按照这个方法思考并提出中国史学史上的一些问题。这本小书的"十讲"，都是中国古代史学上比较重要的问题，汇集于此，其论述或深或浅，希望对读者了解中国古代史学有所裨益。

瞿林东谨记

2016年6月16日

一讲　中国传统史学的多样性、社会性和时代性

中国传统史学是一座瑰丽的宝库，是中国传统文化的很重要的组成部分。怎样认识这座宝库，以至怎样发挥它在社会主义现代化建设中的积极作用，是一个具有理论意义和实践意义的课题。诚然，要全面地或比较全面地阐述这个课题，应当由专门的著作来完成。这篇短文，只能从总的方面讲几点概括的认识；讲得对与不对，自己也没有多大把握，目的在于探索和讨论。这里讲的，是关于中国传统史学的多样性、社会性和时代性等问题。我认为这几个方面在构成中国传统史学的总的面貌上是很重要的。

一　关于多样性

所谓多样性，是从中国传统史学的表现形式来说的。一

般地说，形式是由内容决定的。为了便于说明问题，这里先从最直观的认识入手，即首先讨论中国传统史学的表现形式。

从表现形式上看，中国传统史学体裁之丰富，无疑是其显著的特色之一。中国史学经过长期的发展，除了熔炼成四种主要体裁即编年体、纪传体（其实是纪、表、志、传结合而成的综合体）、典制体（旧称政书体）、纪事本末体外，还有学案、史表、图谱、评论等等，也是很重要的体裁。古代史家编著史书，对体裁的选择、要求和创新，一方面是从客观历史的发展中得到了启示，一方面也往往反映了他们自己对历史的理解及其撰述的目的。关于后一个方面，我们从历代史家所撰史书的序论、凡例中可以看得很清楚。可见中国传统史学之体裁的多样性的特点，乃是客观历史发展和史家认识发展的结果。当然，这些体裁出现的时间或先或后，取得的成就有大有小，但在中国史学的滔滔长河中，它们都得到了相当的发展；在这个发展过程中，各种体裁的相互补充和综合，又推动了有关体裁自身不断革新，显示了中国传统史学在撰述上的多姿多彩的成就。这是我国史学遗产中一个很重要的方面。

这种情况，从7世纪中叶（唐高宗显庆元年，656年）

成书的《隋书·经籍志》所著录的史书来看，已十分了然。《隋志》史部后序说："凡史之所记，八百一十七部，一万三千二百六十四卷（原注：通计亡书，合八百七十四部，一万六千五百五十八卷）。"根据清代学者的考证和补充，实际数目比这还要大一些。史学发展的这种盛况，在当时世界各国是少见的。《隋志》史部分史书为十三类：正史、古史、杂史、霸史、起居注、旧事、职官、仪注、刑法、杂传、地理、谱系、簿录。这是从内容和体裁的结合上来区分史书类别的。稍后，著名史学家刘知幾以"六家"（《尚书》《春秋》《左传》《国语》《史记》《汉书》）、"二体"（断代的纪传体、编年体）和十种"偏记小说"（偏记、小录、逸事、琐言、郡书、家史、别传、杂记、地理书、都邑簿）来总括群史。[①]刘知幾对史书种类和体裁的看法，虽不及《隋志》全面，但也显示了一个史学家的开阔的视野，从不同的角度反映出8世纪以前中国史学之多样性的丰姿。这种情况，在此后的大约十个世纪中历代官修、私撰的目录书、文献书里，都不断地有所反映、有所发展。18世纪后半叶（清乾隆四十七年，1782年）纂修的《四库全书》，其史部分为正史、编年、纪事

① 参见刘知幾：《史通·六家》《史通·二体》《史通·杂述》，浦起龙通释本，上海古籍出版社1978年版。

本末、别史、杂史、诏令、奏议、传记、史钞、载记、时令、地理、职官、政书、目录、史评等十五类，大致上反映了中国古代史书的状况。当时，世界上有些国家在社会经济、文化方面已经走向近代化了，但如此丰富、多样的史学表现形式，恐怕也还是不多见的。《四库全书》史部分类，在体裁的区别上更加讲究，更加明显。从《隋书·经籍志》史部到《四库全书总目》史部，反映了中国传统史学之多样性的发展历程。

中国传统史学所采用的这些体裁，都是时代的产物，是一定的历史时期的社会生活、阶级关系和意识形态在史学上的反映。20世纪以来，中国史书在表现形式上已经有了很大的发展。但是，这并不意味着传统史学的表现形式已完全失去了存在的意义，不可以被今人所借鉴。恰恰相反，当代史学所借以表现的种种形式，一般说来，都或多或少继承了传统史学的表现形式。譬如：现在通行的章节形式，就是中国传统的纪事本末体同西方近代史书体裁结合而成的一种新的形式；近年来关于人物传记的著作多了起来，其中尤以《中国哲学家评传》《中国文学家评传》《中国史学家评传》《中国军事家评传》《中国教育家评传》等，在读者中产生相当大的影响，这些评传无疑是对传统史学中的类传的继承和发展；至于对编年体的运用，更是不曾间断过。值得注意的是，目前有的学者正在探索着把古今史书体裁结合起来，试图创造出一种新的综合体，用以表现通史或断代史的演进过程及其丰富、复杂的侧面；有的学者正在运用马克思主义的观点，改编旧的学案体史书。这就说明，中国传统史学的表现形式的多样性，跟当今史学的发展是有密切的联系的。这种联系所产生的积极影响的大小，在一定意义上取决于人们对这个问题的自觉的认识和实践的程度。

是否可以这样认为：史学工作者对于中国传统史学之表现形式的多样性的情况和发展规律的研究，对传统史书体裁的批判继承，将有利于创造出新的史书体裁，促进马克思主义历史科学获得更多的表现形式。这是建设具有中国民族特色的马克思主义史学的任务之一。

二 关于社会性

中国传统史学在表现形式上的多样性，从根本上来说，是由这个史学所反映的社会内容决定的。这里，就涉及中国传统史学的社会性了。

司马迁为自己的历史撰述制定了宏大的目标，这就是“究天人之际，通古今之变，成一家之言”。[①]他的《史记·太史公自序》，则是他的撰述论纲。这个目标的实现和这个论纲的具体化，使《史记》一书不仅成为空前的通史杰作，而且成为记述汉初历史的百科全书式的巨著。举例来说，《史记》一方面记述了自传说中的黄帝至汉武帝时期历史演进的过程，以及在这个发展过程中的各个阶层的人物，一方面又记载了社会生活的许多侧面，这从它的“八书”和类传中看得格外明显。《史记》的“八书”包含礼乐制度、天文知识、人们对地理环境的利用和统治者实行的社会经济政策等；类传则有循吏、儒林、酷吏、龟策日者、刺客、游侠、滑稽、货殖等，涉及社会各方面的许多人物。司马迁用他的神来之笔，活画出一幅幅社会生活的纷繁画面和各阶层代表人物的种种风貌。《史记》在内容上所具有的这种广泛的社会性，是极为突出的。

《史记》以下，历代“正史”多仿照《史记》，有的“正史”在某些方面也还有所发展。以“食货”而论，自《汉书》改《平准书》为《食货志》起，“二十四史”中的半数都有《食货志》。南朝萧齐建元二年（480年），史官与大臣

① 司马迁：《报任安书》，见《汉书》卷六二《司马迁传》，中华书局1962年版。

讨论史书志目，左仆射王俭认为，“金粟之重，八政所先，食货通则国富民实，宜加编录，以崇务本”①，主张立《食货志》。元人所修《宋史·食货志》篇帙多达十四卷，内容涉及农田、方田、赋税、布帛、和籴、漕运、屯田、常平义仓、役法、振恤、会计、钱币、会子、盐、茶、酒、坑冶、矾、香、商税、市易、均输、互市舶法等。这些，反映了中国传统史学对于社会经济生活的重视。此外，“二十四史”中，三分之二有《天文志》和《地理志》，二分之一有《刑法志》和《职官志》；而《明史》的志，包括十五个志目，是“正史”中最多的。至于各史类传，有一点是特别应当受到重视的，即绝大多数“正史”都有少数民族的传记（有的则跟外国传合在一起）。这说明中国传统史学所具有的广泛的社会性，不只限于中原民族即汉族，而且还包含了许多少数民族的历史。这一方面是由于我国历史本是由汉族和许多少数民族共同创造的，另一方面也是由于我国古代史家在民族关系的问题上历来有比较开阔的视野。虽然这种比较开阔的视野有时难免跟封建正统思想发生矛盾，但他们仍然不会忽视对于民族关系史的记载。

以上所举的这些情况，都还只是历代“正史”所反映出来

① 萧子显：《南齐书》卷五二《文学·檀超传》，中华书局1972年版。

的中国传统史学之社会性的某些表现。而这些表现在“正史”以外的许多史书中也都存在着。值得注意的是，有的史书在记述某一方面的内容时，其重要和翔实的程度往往超过“正史”，因而具有突出的社会性。如杜佑《通典》所记历代典章制度（包括食货、选举、职官、礼、乐、兵、刑、州郡、边防九门）和有关“群士议论”，就远远超过它以前的历代“正史”。又如司马光《资治通鉴》所记战国至五代的政治、军事史，其连贯性和准确性，也超过它所取材的历代“正史”。再如一些地理总志（以地理为主，兼记政治和经济），也比有关“正史”中的《地理志》来得翔实。他如乡贤传、方物志、族谱、家传等，也常常可补“正史”之不足。

所有这些，都还只是从历史记载本身来考察中国传统史学的社会性。如果从社会生活同史学的关系来考察的话，我们对中国传统史学的社会性，可能会产生更进一步的认识。

从政治上看，正像汉初刘邦君臣重视总结秦亡汉兴的历史经验因而有陆贾撰述《新语》一样，唐初太宗君臣对隋亡唐兴的历史经验亦极重视，其君臣论政，无不论史，而魏徵撰写《隋书》序、论及梁、陈、齐、周四史总论，则集中反映了他们对历史经验的认识，这跟贞观时期的各项政策有极大的关系。也正像唐太宗称赞荀悦《汉纪》“极为治之体，尽君臣之义”[①]一样，宋神宗认为司马光所撰的编年史“鉴于往事，有资于治道，赐名曰《资治通鉴》”[②]，清帝乾隆也把杜佑《通典》看作是“亦恢恢乎经国之良模矣”。[③]在这些最高的封建统治者来看，史学对于政治来说竟如此重要。他们究竟能在多大的程度上按照这些史书所总结的历史经验去做，固不可一概而论，但他们能够认识到应当从史书中汲取经验教训，毕竟比无视历史的统治者要高明一些。唐太宗要求自观国史的事，历来为史家所诟病，认为这是他专横和心虚的表现。这种看法似乎也有一定的道理，但若从唐太宗的整个一生来看，对于他说的“今欲自观国史者，盖有善事，固不须说；若有不善，亦欲以为鉴诫，使得自修改耳”[④]，似亦不应完全视为饰词。

从经济上看，历代封建统治皇朝的经济政策一方面是承袭前代那些行之有效的措施，一方面也因时制宜而对原来的经济政策有所损益。不论何种情况，通过史学提供的历史经验，对历代皇朝的经济决策曾经起过不小的作用。汉初，贾谊的《论积贮疏》指出：“夫积贮者，天下之大命也。苟粟多而财有

① 刘昫等：《旧唐书》卷六二《李大亮传》，中华书局1975年版。

② 胡三省：《新注〈资治通鉴〉序》，见司马光《资治通鉴》卷首，中华书局1956年版。

③ 乾隆：《御制重刻〈通典〉序》，见杜佑《通典》卷末附录一，中华书局1988年版。

④ 吴兢：《贞观政要·文史》，上海古籍出版社1978年版。

余，何为而不成？以攻则取，以守则固，以战则胜，怀敌附远，何招而不至？今殴民而归之农，皆著于本，使天下各食其力。末技游食之民转而缘南亩，则畜积足而人乐其所矣。”晁错的《论贵粟疏》提出：“民贫，则奸邪生。贫生于不足，不足生于不农，不农则不地著，不地著则离乡轻家，民如鸟兽，虽有高墙深池，严法重刑，犹不能禁也。”这些都是从丰富的历史经验中提出来的，对于汉初确立“地著”的政策，即恢复和巩固以耕织相结合的个体农业生产起了很大的作用。曹操在建安元年（196年）指出：“夫定国之术，在于强兵足食，秦人以急农兼天下，孝武以屯田定西域，此先代之良式也。”由于有这种认识，他“募民屯田许下，得谷百万斛。于是州郡例置田官，所在积谷。征伐四方，无运粮之劳，遂兼灭群贼，克平天下”。[①]王安石实行变法前后，在给皇帝的上书中，一再引证史事为变法大声疾呼、寻找历史根据。他上书宋仁宗，希望朝廷“鉴汉、唐、五代之所以乱亡，惩晋武苟且因循之祸”[②]；又针对人们对新法的非议上书宋神宗，指出他推行的“免役之法”“保甲之法”“市易之法”都有其历史

① 陈寿：《三国志》卷一《魏书·武帝纪》，裴注引《魏书》，中华书局1959年版。

② 王安石：《王文公文集》卷一，上海人民出版社1974年版。

的渊源——人们不是要“师古”吗？“若三法者，可谓师古矣。”[①]在不同历史条件下，人们运用历史经验为经济决策服务，在客观效果上是不完全相同的，但也都从一个方面反映出中国传统史学的社会性。

中国传统史学的社会性，还表现在史学与民族关系、学校教育、科举制度、家族历史等都有极密切的关联。即以科举制度而论，自唐代起，史学作为科举的一个科目而受到重视。唐太宗贞观元年（627年），敕著作郎许敬宗为宏文馆学生“授以《史》《汉》”。[②]贞观八年（634年），诏“进士读一部经史”，经书主要是《礼记》《尚书》《论语》《孝经》；“其史书，《史记》为一史，《汉书》为一史，《后汉书》并刘昭所注志为一史，《三国志》为一史，《晋书》为一史，李延寿《南史》为一史、《北史》为一史，习《南史》者兼通《宋（书）》《齐（书）》志，习《北史》者通《后魏（书）》《隋书》志。自宋以后，史书烦碎、冗长，请但问政理成败所因、人物损益关于当代者，其余一切不问。国朝自高祖以下及睿宗《实录》并《贞观政要》共为一史。”[③]这说

① 王安石：《王文公文集》卷一。

② 王溥：《唐会要》卷六四“宏文馆”条，中华书局1955年版。

③ 杜佑：《通典》卷一七《选举五》。

明在唐玄宗时期，以上八史，均为科举所定选修科目。晚唐穆宗长庆二年（822年），殷侑奏称：

> 历代史书，皆记当时善恶，系以褒贬，垂裕劝戒。其司马迁《史记》，班固、范晔两《汉书》，音义详明，惩恶劝善，亚于《六经》，堪为世教。伏惟国朝故事，国子学有文史直者，宏文馆宏文生并试以《史记》、两《汉书》、《三国志》，又有一史科。近日以来，史学都废，至于有身处班列，朝廷旧事昧而莫知，况乎前代之载，焉能知之？！伏请置前件史科，每史问大义一百条，策三道，义通七，策通二以上为及第。能通一史者，请同五经、三传例处分；有出身及前资官，优稍与处分。其三史皆通者，请录奏闻，特加奖擢。仍请颁下两都国子监，任生徒习读。[1]

殷侑的这些建议被穆宗采纳了。有唐一代的科举考试对史学的重视，于此可见一斑。宋初，科举考试亦设“三史”科目，与“九经”“五经”“开元礼”“三礼”“三传”“学究”“明经”“明法”等并列，“三史”科要“对三百

① 王溥：《唐会要》卷七六。

条”[①]。后来“三史”科有被轻视的趋势，于是南宋孝宗淳熙十一年（1184年）十月太常博士倪思上奏说：“举人轻视史学，今之论史者独取汉、唐混一之事，三国、六朝、五代为非盛世而耻谈之，然其进取之得失，守御之当否，筹策之疏密，区处兵民之方，形势成败之迹，俾加讨究，有补国家。请谕春官：凡课试命题，杂出诸史，无所拘忌；考核之际，稍以论策为重，毋止以初场定去留。”[②]这是强调不仅重视对于历史知识的考试，而尤其要重视对于运用历史知识来回答现实中的问题。南宋半壁河山，人们强调对于三国、六朝、五代历史的研究和对于历史知识的实际运用，是极自然的。这个建议也被宋孝宗所采纳。以上这些情况表明，在唐宋皇朝，史学作为选拔人才的一个标准，是受到相当的重视的。顾炎武赞叹唐代以史学取士的做法，认为：“若能依此法举之，十年之间，可得通达政体之士，未必无益于国家也。”[③]这是一种很有代表性的看法。

中国传统史学，还常常成为激发思想家们的神思和文学家们的诗情的重要素材之一。正像先秦诸子中很少有人不论史一

① 脱脱等：《宋史》卷一五五《选举志一》，中华书局1977年版。

② 脱脱等：《宋史》卷一五六《选举志二》。

③ 顾炎武：《日知录》卷一六“史学”条，黄汝成集释本，岳麓书社1994年版。

样，唐代以下的诗人也很少有不咏史的。“上下观古今，起伏千万途。”[①]作为思想家和文学家的柳宗元，他的这两句诗揭示了思想家的沉思和文学家的激情都跟史学有极密切的关系。

中国传统史学的社会性，还不只是表现在上面提到的这些方面。这里，我想引用王夫之论《资治通鉴》的几句话作为讨论这个问题的结束。他说：“其曰‘通’者，何也？君道在焉，国是在焉，民情在焉，边防在焉，臣谊在焉，臣节在焉，士之行己以无辱者在焉，学之守正而不陂者在焉。虽扼穷独处，而可以自淑，可以诲人，可以知道而乐，故曰‘通’也。”[②]一部《资治通鉴》可作如是观，更何况全部传统史学呢！

三　关于时代性

时代性，这是中国传统史学的又一个特点。如果说，中国传统史学的多样性和社会性是着重从它的形式和内容来考察的话；那么，它的鲜明的时代性则主要表现为，中国史家对待史

① 柳宗元：《柳河东集》卷四三《读书》诗，上海人民出版社1974年版。

② 王夫之：《读通鉴论》卷末《叙论四》，中华书局1975年版。

学工作历来有一种反映时代面貌和要求的认识与实践。

按照王国维的说法，“古之官名多由史出”，“史”“吏”“事”三字本有不可分割的联系。[1]如果这种说法大致不错的话，说明史职按其本义就跟现实有直接的关系。据说孔子著《春秋》，是因为当时“上无明君，下不得任用。故作《春秋》，垂空文以断礼义，当一王之法”。他是要把《春秋》当作统一的王法，以服务于当时的“乱世”。跟孔子略有不同的是，西汉史官司马谈临终时说过这样的话：“今汉兴，海内一统。明主贤君，忠臣死义之士，余为太史而弗论载，废天下之史文，余甚惧焉！”其子司马迁说过大致相同的话：“废明圣德不载，灭功臣世家贤大夫之业不述，堕先人所言，罪莫大焉。”[2]司马谈、司马迁父子是要以史学来反映历史的变化，特别是反映西汉的盛世。孔子跟司马父子所处的时代不同，时代的风貌和特点亦颇迥异，但他们在以史学服务于当时的时代之认识上和要求上，却是相通的。这是否可以看作是史学家之强烈的时代精神的反映，是史学家对待史学工作的一种自觉意识和优良传统。

---

① 王国维：《观堂集林·释史》，中华书局1959年版。

② 以上均见司马迁：《史记》卷一三〇《太史公自序》，中华书局1959年版。

值得注意的是，每当中国历史进程发生重大转折的时候，史学家的这种自觉意识和优良传统就表现得格外突出。上文所举司马谈、司马迁父子的那些话，便是极明显的例证。处在隋唐之际统一局面的历史条件下的李大师，对南、北关系和民族关系产生了新的认识，因而萌发了这样的历史撰述思想：“常以宋、齐、梁、陈、魏、齐、周、隋南北分隔，南书谓北为‘索虏’，北书指南为‘岛夷’。又各以本国周悉，书别国并不能备，亦往往失实。常欲改正，将拟《吴越春秋》，编年以备南北。”可惜的是，他终因未能撰成一部贯通南北的南北朝史而“以为没齿之恨”。[①]他死后，其子李延寿决意“追终先志”，以十几年的准备、十几年的撰述，写成了《南史》和《北史》。在这两部书中，李延寿摒弃了前史所谓“索虏”和“岛夷”的旧说，沟通了南朝史和北朝史的联系，反映了隋唐政治统一局面下“天下一家”的时代精神。“安史之乱”后唐代的盛世结束了。杜佑是唐代中衰时期的政治家和史学家。他批评前人的著述往往“多陈紊失之弊，或阙匡救之方”[②]，申明他撰述的巨著《通典》，其宗旨是“实采群言，征诸人

① 李延寿：《北史》卷一〇〇《序传》，中华书局1974年版。

② 刘昫等：《旧唐书》卷一四七《杜佑传》。

事，将施有政”[①]，要直接为当时的政治服务。《通典》问世后，大传于时，时人谓“其有览之者，如热得泽，如饥得食”。[②]两宋史家，或出于“监（鉴）前世之兴衰，考当今之得失”[③]，或震惊于“靖康之祸古未有也”[④]，或记述本朝“凡有涉一时之利害与诸人之得失者”[⑤]，都是从不同的方面反映了时代的要求。生活在明末清初这一历史转折时期的顾炎武和顾祖禹，都深切地感触到正确认识和合理利用地理条件，对于国家政治安危、经济发展和社会历史进程的重大关系。前者是“感四国之多虞，耻经生之寡术”[⑥]，而编纂《天下郡国利病书》和《肇域志》；后者因认识到“战争攻守、兴废成败、利钝得失之迹，以迄耕屯、盐铁、经国、阜民诸大政，有一不本之方舆者耶”[⑦]，而撰《读史方舆纪要》。龚自珍是中国古代最后一位著名的思想家、诗人、文章家和史学家。他的诗、文、史论，饱含着时代的气息。他一方面为“万马

① 杜佑：《通典》序。

② 符载：《淮南节度使灞陵公杜佑写真赞并序》，见《全唐文》卷六九〇，中华书局1983年版。

③ 司马光：《进〈资治通鉴〉表》，见《资治通鉴》附录。

④ 徐梦莘：《三朝北盟会编》序，上海古籍出版社1987年版。

⑤ 李心传：《建炎以来朝野杂记》甲集序，中华书局1985年版。

⑥ 顾炎武：《天下郡国利病书》序，中华书局1998年版。

⑦ 顾祖禹：《读史方舆纪要》凡例，国学基本丛书本，中华书局1955年版。

齐喑”的政治局面感到悲哀，一方面又期待着社会变革的到来。他写过一篇叫作《尊史》的短文，认为：史职所以受到尊重，并不是因为它具有记载史事、褒贬善恶的职能，而是尊重史学家的思想和精神。如果史学家没有思想和精神，不了解社会各方面的人和事，那么他们所讲的、所写的“必有余呓”或“必有余喘”，即不是不着边际的梦呓，就是毫无生气的废话，于社会何益。龚自珍的这些话，把中国古代史家反映时代的意识和要求提高到理论认识的阶段，因而具有重要的意义。

要之，中国传统史学所表现出来的时代性，一是史学家站在时代的高度不断对历史做出新的总结，一是史学家从对历史的总结中直接或间接地反映出时代的要求。当然，并不是所有的史学家都具有这种自觉的意识，都能够达到这样的高度；但从中国历史上一批最有影响的史学家来看，他们的撰述大多具有时代性，当是毫无疑义的。

四　多样性、社会性、时代性的密切联系

中国传统史学的多样性、社会性和时代性，是不可分割地联系在一起的。具有广泛的社会性的史学，自应有多种表现

形式，而它的时代性又总是跟社会的发展分不开的。只是为了便于说明问题，本文才对它们分别进行论述。我们在对中国传统史学作全面考察的时候，是应当把它们联系起来看待的。

正像任何事物都要受到历史的局限一样，中国传统史学所具有的多样性、社会性和时代性，也极其自然地受到历史的局限。当历史的发展还没有为史学的发展提供新的物质条件和文化条件时，史学的发展大致只能局限在原有的框架里。反之，当历史发展到一个新的阶段时，当新的物质条件和文化条件出现时，史学的发展就会突破传统的格局。近代以来，中国传统史学发生了很大变化，除了史学家的历史观点发生了重要的变化以外，史学的社会内容、表现形式、时代特色都不同程度地发生了变化。这种变化，在20世纪20年代以后，随着中国马克思主义史学的建立和发展而越来越明显。这个事实说明，传统史学的格局不是不变的，它在新的历史条件下是一定要被突破的，也是应当被突破的，否则，它就会停滞、枯萎，这是一方面。另一方面，这个事实也说明，当传统史学的格局被突破以后，它的有些部分被人们摒弃了，有些部分则被人们继承下来并在新的历史条件下加以发扬。本文所阐述的史学应有丰富多彩的表现形式、史学应反映纷繁复杂的社会生活、史学应研究并试图回答时代提出的要求等等，就是在今天，也还是史学工作者十分关注的问题。传统史学和当代史学有很大的区别，又有历史的联系，从这里也可以看得很清楚。正因为如此，我以为，讨论中国传统史学的某些特点，对于我们认识以往的史学、发展今天的史学，是有意义的。

自党的十一届三中全会以来，我国的历史科学事业步入了一个新的发展时期，不论在理论方面、方法方面，还是在研究课题的选择方面，都出现了不少新的气象。这种好的形势，是新中国成立以来史学史上不曾有过的，更非旧中国史学所能比拟的。目前，史学界中有一种“史学危机”的说法，我以为这种说法是不妥当的。还有一种说法，认为“史学危机”指的是传统史学的“危机”，这种说法显然也是不确切的。传统史学作为传统文化的一部分，是中国史学史上已经成为过去的、曾在许多个世纪里代表着中华民族对于历史之思考的那些成果和积累。这些成果和积累是历史上的客观存在，其自身当无“危机”与否可言，问题在于人们怎样评价它和对待它。这就涉及史学的继承和创新问题了。

史学要创新，而创新的活力在于社会的要求，这是毫无疑义的。同时，创新也不是没有前提、没有条件就可以实现的。恩格斯说：“每一个时代的哲学作为分工的一个特定的领域，都具有由它的先驱者传给它而它便由以出发的特定的思想资料作为前提。”[①]是否可以认为，每一时代的史学也是如此。从更广泛的意义来看，作为民族文化一部分的史学，它的创新，还必须吸收外国史学中一切有用的因素。毛泽东同志在四十多年前就指出：“中国应该大量吸收外国的进步文化，作为自己文化食粮的原料，这种工作过去还做得很不够。”“清理古代文化的发展过程，剔除其封建性的糟粕，吸收其民主性的精华，是发展民族新文化提高民族自信心的必要条件。”当然，在这个吸收和清理过程中，他也不赞成“全盘西化”和“无批判地兼收并蓄”的主张和做法。[②]他的这些论点，在今天仍然是具有指导意义的。四十多年来，我们不曾有一个很好的政治环境来做这种吸收工作和清理工作，而现在则具备了这样的政治环境，这是令人鼓舞的。因此，热诚的和冷静的史学工作者在探索史学的创新之路的时候，自应十分重视这种创新工作的“前提”、“原料”和“必要条件”，从而达到创新的目的。

本文不是一篇全面评价中国传统史学的文章，也不是专门

① 参见《恩格斯致康·施米特》，《马克思恩格斯选集》第4卷，人民出版社1995年版，第703页。

② 参见《新民主主义论》，《毛泽东选集》第二卷，人民出版社1991年版，第706、707～708页。

探讨史学的继承和创新的论文，它不过是就中国传统史学的多样性、社会性和时代性讲到与史学的继承和创新有关的一些问题，目的在于引起思考和讨论。

（原载《北京师范大学学报》1986年第5期）

二讲　论史家的角色与责任和史学的求真与经世

在中国史学上，史家作为社会一员而与社会的关系，史学作为历史进程的反映而与客观历史的关系，是十分密切的，也是很复杂的。我们甚至可以用这样的话来说明这两个问题的重要性：它们是打开中国史学宝库丰富宝藏的钥匙。

本文将按照这样的思考程序来阐述对于上述有关问题的认识，这就是：史家的社会角色与史家的社会责任是相联系的，史学的求真要求与史学的经世目的也是相联系的；它们的这种联系，并不因为客观上存在着这样那样相互矛盾的因素而有根本上的改变。同时，史家的角色与责任和史学的求真与经世之间，存在着一种更深层次的本质的联系，以至于可以这样认为：揭示出这种联系，就是从一个重要的方面揭示出中国史学的总相和特点。

一　史家之角色意识的发展及史家的社会责任

中国史家之角色意识的产生有古老的渊源和长期发展的历史。

中国最早的史家是史官。至晚在春秋时期（前770年—前476年），中国古代史官的角色意识已经突出地显露出来。有两个人们所熟知的事例可作为明证。第一个事例发生在前607年：晋国史官董狐因为记载了“赵盾弑其君”一事而同执政大夫赵盾发生争论，并在争论中占了上风。[①]另一个事例发生在前548年：齐国太史因为记载“崔杼弑其君”一事而被手握大权的大夫崔杼所杀，太史之弟因照样记载又被崔杼杀死，直到太史的第三个弟弟才照样记载了这件事。这时，有位南史氏听说太史尽死，便执简以往，欲为书之，中途听说已经记载下来，便返回去了。[②]这里，董狐、齐太史兄弟数人、南史氏等，都表现出了一种鲜明的角色意识，这一角色意识的核心是对史官职守的虔诚和忠贞。因此，他们不畏权势，即使献出生

---

① 事见《左传·宣公二年》，杨伯峻《春秋左传注》本，中华书局1981年版。

② 参见《左传·襄公二十五年》。

命以殉其职也在所不惜。这是当时史家之角色意识的极崇高的表现。当然，在我们认识这种现象的时候，不应局限于从史家个人的品质修养和精神境界来说明全部问题；从社会的视角来看，史家的这种角色意识也是当时士大夫阶层所遵循的“礼”的要求。西周以来，天子于礼有所谓“动则左史书之，言则右史书之”[①]，此即“君举必书”[②]之礼。在王权不断衰微，诸侯、大夫势力相继崛起的历史条件下，这种礼也在诸侯、大夫中间推行起来。董狐、齐太史、南史氏都是诸侯国的史官；国君被杀，按“礼”的要求是必须记载下来的。不仅如此，就是作为大夫的赵盾，也有自己的史臣。史载，周舍对赵盾说：“愿为谔谔之臣，墨笔操牍，从君之过，而日有记也，月有成也，岁有效也。”[③]所谓“谔谔之臣”，是同“日有记”“月有成”“岁有效”直接联系的。由此可见，“君举必书”之礼，一方面反映了史官必须对当时所发生的事件的及时记载，另一方面也反映了它对各级贵族的约束。是否可以认为，这两个方面结合起来，才全面地表现了史家的角色意识。春秋末年，孔子称赞董狐是“古之良史”，因为他“书法不

① 《礼记·玉藻》，上海古籍出版社1987年版。

② 《左传·庄公二十三年》。

③ 韩婴：《韩诗外传》卷七，丛书集成初编本，中华书局1985年版。

隐”；称赞赵盾是“古之良大夫”，因为他“为法受恶”。[①]此处所谓“法”，是指法度，即当时“礼”制的规范。从今天的认识来看，也可以看作是从史家的主体方面和史家所处的环境方面，说明了史家之角色意识的个人原因和社会原因。

史家的角色意识随着历史的进步而增强，而升华。这一发展的主要标志，是原有的角色意识突破君臣的、伦理的藩篱而面向社会。这一变化，当滥觞于孔子作《春秋》。孟子论孔子作《春秋》一事说：“世衰道微，邪说暴行有作，臣弑其君者有之，子弑其父者有之。孔子惧，作《春秋》。《春秋》，天子之事也；是故孔子曰：‘知我者其惟《春秋》乎！罪我者其惟《春秋》乎！’”[②]尽管《春秋》还是尊周礼，维护君臣父子的伦理秩序，但孔子以私人身份撰写历史、评论历史的做法，已突破了过去史官们才具有的那种职守的规范；这就表明作为一个史家，孔子所具有的史家角色意识已不同于在他之前的那些史官们的角色意识了。

然而，史家之角色意识的发展的主要标志的真正体现者，还是西汉前期的司马迁（前145年或前135年—前87年？）。司马迁很尊崇孔子、推崇《春秋》，然而他著《史记》的旨趣和

① 《左传·宣公二年》。

② 《孟子·滕文公下》，杨伯峻译注本，中华书局1960年版。

要求已不同于孔子作《春秋》了。司马迁的目标是“究天人之际，通古今之变，成一家之言”，是“网罗天下放失旧闻，略考其行事，综其终始，稽其成败兴坏之纪”，是“述往事，思来者”。[①]由此可以看出，司马迁的博大胸怀是要拥抱以往的全部历史，探讨古往今来的成败兴坏之理，使后人有所思考和启迪。正因为如此，司马迁才能“就极刑而无愠色”，在“肠一日而几回，居则忽忽若有所亡，出则不知其所往”的境遇中完成他的不朽之作。

史家之角色意识的进一步发展，是从面向社会到在一定意义上的面向民众。其实，从“水能载舟，亦能覆舟”的古训中，史家或多或少都会认识到民众的存在及其对于政治统治的重要。司马光是极明确地表明了这一认识的史家。用他自己的话说，他撰《资治通鉴》是“专取关国家盛衰，系生民休戚，善可为法，恶可为戒者”[②]入史。他对于历史事实、历史知识的抉择，至少在形式上是把“生民休戚”同“国家盛衰”放到同等重要的位置看待，或者他认为这二者本身就是不分可割开来的。在封建社会里，一个史家能够这样来看待历史，是难能可贵的。

---

① 司马迁：《报任安书》，见《汉书》卷六二《司马迁传》。

② 司马光：《进〈资治通鉴〉表》，见《资治通鉴》卷末。

从上面简略的叙述中，我们不难发现，史家之角色意识的发展，总是同史家的社会责任感相联系着。董狐、齐太史、南史氏所表现出来的“书法不隐”的勇气，一个重要的驱动力就是维护当时的君臣之礼。这在当时的社会意识形态和伦理关系中，至少在形式上还占据着主导地位。他们不惜以死殉职，正是为了维护当时的社会秩序。如上所述，孔子修《春秋》，也是受到社会的驱动而为。至于司马迁父子的社会责任意识，他们本人都有极明白的阐述。其中，最动人心魄的是司马谈的临终遗言和司马迁对父亲遗言的保证，《史记·太史公自序》记：“太史公执迁手而泣曰：‘……夫天下称诵周公，言其能论歌文武之德，宣周邵之风，达太王王季之思虑，爰及公刘，以尊后稷也。幽厉之后，王道缺，礼乐衰，孔子修旧起废，论《诗》《书》，作《春秋》，则学者至今则之。自获麟以来四百有余岁，而诸侯相兼，史记放绝。今汉兴，海内一统，明主贤君忠臣死义之士，余为太史而弗论载，废天下之史文，余甚惧焉，汝其念哉！’迁俯首流涕曰：‘小子不敏，请悉论先人所次旧闻，弗敢阙。’”这一段对话，极其深刻地表明了他们的角色意识和社会责任的密切联系，表明了他们对于被“天下称诵”的周公和“学者至今则之”的孔子，是何等心向往之。后来司马迁用“述往事，思来者”这几个字深沉地表达出了他对历史、对社会的责任感。从司马光撰《资治通鉴》的目的，我们同样可以看到史家之角色意识与社会责任的联系与统一：他希望《资治通鉴》能够得到最高统治者的重视，“以清闲之燕时赐省览，鉴前世之兴衰，考当今之得失，嘉善矜恶，取是舍非，足以懋稽古之盛德，跻无前之至治，俾四海群生，咸蒙其福！”倘果真如此，他自谓“虽委骨九泉，志愿永毕矣。”[①]这就是说，史家的目的，是希望统治集团从历史上吸取经验教训，改进政治统治以达到“盛德”和“至治”的地步，从而使“四海群生，咸蒙其福”。正是为着这个目的，他认为他的精力“尽于此书”是值得的。

史家之角色意识与社会责任的联系和统一，其中有一个根本的原因，即绝大多数史家从不把史职仅仅视为个人的功名和权力，而是把这一职守同社会、国家联系在一起，使其成为一定的社会责任的表现形式。个别的例外乃至于少数的异常是存在的，但这并不反映中国史学的主流。

史家的角色意识与社会责任，无疑要影响着、铸造着中国史学的面貌，在很大程度上决定着它的发展趋向。

① 司马光：《进〈资治通鉴〉表》，见《资治通鉴》卷末。

二　史学的求真与经世

上文所论史家之角色意识与社会责任，至少在两个方面影响到中国史学的基本面貌，这就是中国史学的求实精神与经世目的及其相互间在总体上的一致性。具体说来，史家的角色意识同史学的求真要求相关联，史家的社会责任同史学的经世目的相贯通。其间固有种种深层的联系，本文将在下一个问题中阐述。这里，我们首先来考察中国史学的求真与经世的内涵及其相互间的关系。

享有盛誉的史学批评家刘知幾（661—721年）认为："为史之道，其流有二。何者？书事记言，出自当时之简；勒成删定，归乎后来之笔。然则当时草创者，资乎博闻实录，若董狐、南史是也；后来经始者，贵乎俊识通才，若班固、陈寿是也。必论其事业，前后不同。然相须而成，其归一揆。"[①]刘知幾把史学工作大致上划分成了两个阶段：前一个阶段是"书事记言"，后一个阶段是"勒成删定"，前后"相须而成"，缺一不可。他认为前一阶段工作的主要要求是"博闻实录"，一要"博"，二要"实"；后一阶段工作的主要要求是"俊

① 刘知幾：《史通·史官建置》。

识通才”，一是“识”，二是“才”。按照刘知幾的思想体系，结合他关于才、学、识的理论来看，“博闻实录”可以看作是“史学”，“俊识通才”包含了“史识”和“史才”。那么，这里什么是最重要的基础呢？答曰：“博闻实录”是基础。这是因为，没有丰富的和真实的记载（所谓“书事记言”），自无从“勒成删定”，而“俊识通才”也就成了空话。当然，仅仅有了“博闻实录”，没有“俊识通才”去“勒成删定”，也就无法写成规模宏大、体例完备、思想精深的历史著作，无法成就史学事业。刘知幾在理论上对中国史学的总结和他所举出的董狐、南史、班固、陈寿等实例，论证了中国史学是以求真为其全部工作的基础的。这种求真精神，从先秦史官的记事，到乾嘉史家的考据，贯穿着整个中国古代史学。细心的研究者或许会注意到，《史通·直书》列举了唐代以前史学上以“直书”饮誉的史家，他们是：董狐、齐太史、南史氏、司马迁、韦昭、崔浩、张俨、孙盛、习凿齿、宋孝王、王劭等。他们或“仗气直书，不避强御”；或“肆情奋笔，无所阿容”；或“叙述当时”“务在审实”等，都需要“仗气”与“犯讳”，显示了大义凛然的直书精神。刘知幾所处的唐代，也有许多坚持秉笔直书的史官和史家，如褚遂良、杜正伦、刘允济、朱敬则、刘知幾、吴兢、韦述、杜佑等，在求实精神上都有突出的表现。这里，举一个不大为人所知的事例，用以说明在中国史学上求实精神是怎样贯穿下来的。武则天长安年间（701—704年），宠臣张易之、张昌宗欲加罪于御史大夫、知政事魏元忠，乃赂以高官，使张说诬证魏元忠“谋反”。张说始已应允，后在宋璟、张廷珪、刘知幾等人的劝说之下，幡然悔悟，证明魏元忠实未谋反。到唐玄宗时，此事已成为历史事件，吴兢（670—749年）与刘知幾作为史官重修《则天实录》，便直书其事。时张说已出任相职、监修国史，至史馆，见新修《则天实录》所记其事，毫无回护，因刘知幾已故，乃屡请吴兢删改数字；吴兢终不许，认为“若取人情，何名为直笔”，被时人称为“当今董狐”。①吴兢虽面对当朝宰臣、监修国史，仍能秉笔直书与其有关的然而并不十分光彩的事件，又能当面拒绝其有悖于直书原则的要求，这如没有史学上的求真精神，没有一种视富贵如浮云的境界，是做不到的。这种董狐精神所形成的传统，尤其在历代的起居注、实录、国史的记述与撰写中，都不同程度地表现出来。

应当指出，刘知幾说的“俊识通才”，一方面当以“博闻实录”的“当时之简”为基础，一方面在“勒成删定”中同样要求贯穿求真精神，这样才能真正反映出史家的“识”

① 王溥：《唐会要》卷六四《史馆下·史馆杂录下》。

与“才”。如近代以来的考古发现一再证明，司马迁《史记》所记商代以下的历史是可靠的，这一事实使中外学人皆为之惊叹不已。后人称赞《史记》“其文直，其事核，不虚美，不隐恶，故谓之实录”。[1]又如司马光撰《资治通鉴》，在“勒成删定”中遇到了许多疑难问题。这对于史家的求真精神实是严峻的考验。为使今人信服、后人不疑，司马光“又参考群书，评其同异，俾归一途，为《考异》三十卷”[2]，使之成为阅读《资治通鉴》的必备参考书。由《资治通鉴》而派生出来《资治通鉴考异》，这极有代表性地表明了中国史学的求真精神。此外，从魏晋南北朝以下历代史注的繁荣，直到清代乾嘉时期考史学派的兴盛，也都闪烁着中国史学的求真精神之光。

当然，中国史学上也的确存在不少曲笔。对此，刘知幾《史通·曲笔》篇不仅有事实的列举，还有理论的分析，是关于曲笔现象的很有分量的专文。刘知幾之后，史学上的曲笔现象仍然存在。举例来说，唐代诸帝实录，其中就出现过几次修改，不论是修改曲笔，还是曲笔修改，都说明了曲笔的存

① 班固：《汉书》卷六二《司马迁传》后论。
② 司马光：《进〈资治通鉴〉表》，见《资治通鉴》卷末。

在。而此种曲笔产生的原因，往往是政治因素影响所致。[①]这样的例子，在唐代以后的史学中，也还可以举出一些来。但是，在中国史学上有一个基本准则或总的倾向，这就是：直书总是为人们所称道，而曲笔毕竟受到人们的揭露和批评。诚如南朝人刘勰在《文心雕龙·史传》篇中所说的那样："奸慝惩戒，实良史之直笔；农夫见莠，其必锄也；若斯之科，亦万代一准焉。"这话的意思是：对奸邪给予惩戒，正是优秀史家的直笔所为，正如农夫看到田间的莠草，就一定要把它锄掉一样。像这种做法，也是万代同一的准则。从"书法不隐"，到史学家们把"实事求是"写在自己的旗帜之上，证明在漫长的发展历程中，中国史学形成了这样的准则和传统，求实精神在中国史学中居于主导的位置。

在中国史学上，史家的社会责任意识必将发展为史学的经世思想。从根本的原因来看，思想是社会存在的反映，但思想也反过来影响社会存在。史学思想也是如此。从具体的原因来看，史家的社会责任意识一方面受史家的角色意识所驱动，一方面也受到儒家人生哲学的影响，从而逐步形成了尽其所学为社会所用的史学经世思想。这在许多史家身上都有突出的反

① 参见笔者所撰《晚唐史学的特点与成就》《韩愈与〈顺宗实录〉》等文，均收在《唐代史学论稿》一书，北京师范大学出版社1989年版。

映，以至于使经世致用成为中国史学的一个传统。

问题在于，史学家们采取何种方法以史学经世呢？

——以伦理的或道德的准则警醒人们，教育人们，协调或维护一定的社会秩序。按照孟子的说法，“孔子成《春秋》而乱臣贼子惧”[①]，当属于这种方式。后来，司马迁进一步阐述了《春秋》的这种社会作用，他说：“《春秋》辨是非，故长于治人。”“拨乱世反之正，莫近于《春秋》。”[②]刘知幾说的“史之为务，申以劝戒，树之风声”[③]，也是这个意思。

——以历史经验启迪人们心智，丰富人们智慧，更好地利用自然管理国家和社会。《春秋》之后，《左传》《国语》在这方面有丰富的记载，诸子论史也多以此为宗旨。在陆贾的说服之下，汉高祖刘邦命陆贾“试为我著秦所以失天下，吾所以得之者何，及古成败之国”。[④]这是历史上政论家、史论家和政治家自觉地总结历史经验的一个范例，对中国史学的发展有深远的影响。司马迁的《史记》，以其“究天人之际，通古今之变”的恢宏视野和深邃的历史眼光、鲜明的时代精神，为中国史学在这方面的成就奠定了广阔而深厚的基础。历代正

① 《孟子·滕文公下》。
② 司马迁：《史记》卷一三〇《太史公自序》。
③ 刘知幾：《史通·直笔》。
④ 司马迁：《史记》卷九七《郦生陆贾列传》。

史、《资治通鉴》以及其他各种体例的史书，在总结历史经验为社会所用方面，都受到了《史记》的影响。

——以历史上的种种制度模式与思想模式，提供现实选择的参考。这种方式，以典制体史书最为突出。唐代大史学家杜佑（735—812年）在他著的《通典》的序言中说："所纂《通典》，实采群言，征诸人事，将施有政。"杜佑同时代的人评价《通典》的旨趣和价值说："今《通典》之作，昭昭乎其警学者之群迷欤！以为君子致用在乎经邦，经邦在乎立事，立事在乎师古，师古在乎随时；必参古今之宜，穷终始之要，始可以度其古，终可以行于今，问而辨之，端如贯珠，举而行之，审如中鹄。"[①]"诞章闳议，错综古今，经代（世）立言之旨备焉。"[②]清乾隆帝评论《通典》说："此书……本末次第，具有条理，亦恢恢乎经国之良模矣！"[③]本文一再列举人们对《通典》的评论，意在借此说明中国典制体史书在史学之经世目的方面的作用。《通典》，不过是它们当中的杰作和代表罢了。

——以众多的历史人物的事迹、言论，向人们提供做人的

① 李翰：《通典序》。

② 权德舆：《杜公墓志铭并序》，见姚铉《唐文粹》卷六八，明嘉靖刻本。

③ 乾隆：《御制重刻〈通典〉序》，见杜佑《通典》卷末附录一。

标准，“见贤而思齐，见不贤而内自省”[①]，使史学起到一种特殊的人生教科书的作用。

史学经世的方式和途径，不限于这几个方面，不一一列举。而需要做进一步探讨的问题，是史学的求真与经世之间究竟有无联系？如果有联系的话，又是怎样的联系？

这样的问题，在中国史学上，史学家们是做了回答的。《史通·人物》开宗明义说：“人之生也，有贤、不肖焉。若乃其恶可以诫世，其善可以示后，而死之日名无得而闻焉，是谁之过欤！盖史官之责也。”此篇广列事实，证明一些史书在这方面存在的缺陷，并在篇末做结论说：“名刊史册，自古攸难；事列《春秋》，哲人所重。笔削之士，其慎之哉！”所谓“诫世”和“示后”，是指史学的经世作用；所谓“难”，所谓“重”，所谓“笔削之士，其慎之哉”，是强调史学的求真。从这里不难看出，刘知幾是把史学的求真视为史学的经世的基础。换言之，如无史学的求真，便无以谈论史学的经世；求真与经世是密切联系的，在总的方向上是一致的。《史通》作为一部史学理论著作，在许多地方都是在阐述这个道理。宋人吴缜论批评史书的三个标准，一是事实，二是褒贬，三是文采。他认为，事实是一部史书的根本，有了这一

① 刘知幾：《史通·史官建置》。

条，才不失为史之意。他说的褒贬，是著史者的价值判断，其中包含着史学经世的思想，而这些都应以事实为基础。吴缜认为，一部好的史书，应当做到这三个方面，也就是说，这三个方面是应当统一起来、也是可以统一起来的。[①]吴缜所论，同刘知幾所论相仿佛，都强调了史学的经世以史学的求真为前提。这就是说，史学的经世与史学的求真不是抵触的而是协调的、一致的。在中国史学上，也确有为着“经世”的目的（这常常表现为以政治上的某种需要为目的），而不顾及甚至有意或无意损害了史学的求真的现象，但这并不是中国史学的主流，而且它有悖于本来意义上的史学经世思想。

在讨论史学的求真与经世的关系时，中国古代史家还有一点认识是十分可贵的，即史学的经世固然以史学的求真为前提，但史学的经世并不等于照搬历史或简单地模仿历史。司马迁指出：“居今之世，志古之道，所以自镜也，未必尽同。帝王者各殊礼而异务，要以成功为统记，岂可绲乎？”[②]这是中国史家较早并明确地指出了以历史为借鉴和混同古今的区别。可见，中国史学的经世主张，并不像常被人们所误解的那样：

---

① 参见吴缜：《新唐书纠谬》序，丛书集成初编本，中华书局1985年版。

② 司马迁：《史记》卷一八《高祖功臣侯者年表》序。

只是告诫人们去搬用历史、模仿前人而已。关于这一点，清人王夫之（1619—1692年）有很深刻的认识，他在《读通鉴论》的叙文中写道："引而伸之，是以有论；浚而求之，是以有论；博而证之，是以有论；协而一之，是以有论；心得而可以资人之通，是以有论。道无方，以位物于有方；道无体，以成事之有体。鉴之者明，通之也广，资之也深，人自取之，而治身治世，肆应而不穷。抑岂曰此所论者立一成之型、而终古不易也哉！"[①]对于这段话，我们可以做这样的理解：史学的资治或经世，本有恢廓的领域和"肆应不穷"的方式，不应对它采取狭隘的、僵化的态度或做法。

三　角色与责任和求真与经世的关系

史家的角色意识导致了史学的求真精神，史家的责任意识导致了史学的经世目的。那么，当我们考察了角色与责任的一致和求真与经世的一致之后，我们现在要进一步考察的是：角色与责任的一致，求真与经世的一致，从整体上看，它们之间是否有一种深层的联系呢？

这种联系是存在的，正因为这种联系的存在，才使角色意

① 王夫之：《读通鉴论·叙论四》之二。

识导致求真精神、责任意识导致经世目的，成为可以理喻的客观存在。这种联系就是中国史学上的信史原则和功能信念。

关于信史原则。中国史学上的信史原则的形成，有一个长期发展的过程。孔子说过："吾犹及史之阙文也。"[①]意思是他还能看到史书存疑的地方。孔子还认为杞国和宋国都不足以用来为夏代的礼和殷代的礼做证明，因为它们没有足够的文件和贤者。[②]这都表明了孔子对待历史的谨慎的态度。后人评论《春秋》说："《春秋》之义，信以传信，疑以传疑。"[③]这个认识不必拘于某个具体事件，从根本上看，它是符合孔子的思想的。司马迁在论到夏、商、周三代纪年时说："疑则传疑，盖其慎也。"[④]可以认为：所谓"信以传信，疑以传疑""疑则传疑，盖其慎也"，乃是信史思想的萌芽。南朝刘勰概括前人的认识，在《文心雕龙·史传》篇中提出："文疑则阙，贵信史也。"他批评"传闻而欲伟其事，录远而欲详其迹"的想法和做法，都是不顾"实理"的"爱奇"表现，不符合信史原则。这是较早的关于"信史"的简要论说。对"信史"做进一步阐述的，是宋人吴缜。他这样写道："必也编次

① 《论语·卫灵公》，杨伯峻译注，中华书局1958年版。
② 参见《论语·八佾》。
③ 《穀梁传·桓公五年》，《十三经注疏》本，中华书局1980年版。
④ 司马迁：《史记》卷一三《三代世表》序。

事实，详略取舍，褒贬文采，莫不适当，稽诸前人而不谬，传之后世而无疑，粲然如日月之明，符节之合，使后学观之，而莫敢轻议，然后可以号'信史'。"[①]吴缜说的"信史"，包括了事实、详略、褒贬等一些明确的标准，其中所谓"不谬""无疑""莫敢轻议"虽难以完全做到，但他在理论上对"信史"提出明确的规范，是有重要意义的，它反映了中国史学上之信史原则逐步形成的趋势。

应当指出，这种信史原则的萌生、形成和确认，同史家的角色意识和史学的求真精神有直接的联系：它是角色意识的发展，又必须通过求真精神反映出来。换言之，没有史家的角色意识，便不可能萌生出史家对于信史的要求；而如果没有史学的求真精神，那么信史原则必将成为空话。可以认为，从"书法不隐"到"实事求是"，贯穿其间的便是逐步发展起来的信史原则和对于信史的不断追求。

关于功能信念。史家的社会责任意识和史学的经世致用目的，也有一贯穿其间的共同认识，即确信史学所具有的社会功能。《国语·楚语上》记载了这样一件事：楚庄王请教大夫申叔时，应当对太子进行怎样的教育，申叔时说了下面这番话："教之春秋，而为之耸善而抑恶焉，以戒劝其心；教之

① 参见吴缜：《新唐书纠谬》序。

世，而为之昭明德而废幽昏焉，以休惧其动；教之诗，而为之导广显德，以耀明其志；教之礼，使知上下之则；教之乐，以疏其秽而镇其浮；教之令，使访物官；教之语，使明其德，而知先王之务用明德于民也；教之故志，使知废兴者而戒惧焉；教之训典，使知族类，行比义焉。”[①]据三国时人韦昭注：春秋，是“以天时纪人事”；世，是“先王之世系”；令，是“先王之官法、时令”；语，是“治国之善语”；故志，是“所记前世成败之书”；训典，是“五帝之书”。可见，这些书大多是历史记载或关于历史方面的内容。从申叔时的话里，可以看出当时人们对于史学教育功能的认识。这种认识经过长时期的发展，唐代的史学家、政治家提出了关于史学功能的比较全面的认识。唐太宗在讲到史学的功用时，极为感慨地说：“大矣哉，盖史籍之为用也。”[②]史家刘知幾分析了竹帛与史官的作用后总结说：“史之为用，其利甚博，乃生人之急务，为国家之要道。有国有家者，其可缺之哉！”[③]清人浦起龙在解释这段文字时，反复注曰：“析出有史之功用”，“总括其功用”。可见，他是深得刘知幾论史的要旨。

① 《国语·楚语上》，上海古籍出版社1978年版。

② 李世民：《修晋书诏》，见《唐大诏令集》卷八一，商务印书馆1959版。

③ 刘知幾：《史通·史官建置》。

唐代以下，论史学功能的学人更多了，其中如胡三省论史之载道，王夫之论史学的治身、治世，顾炎武论史学与培育人才，龚自珍论史家的“善入”“善出”，“欲知大道，必先为史”，并倡言“以良史之忧忧天下”，等等。其间，都贯穿着对史学之社会功能的确认和信念。

准此，则史家的社会责任意识必倾注于史学之中，而史学亦必成为史家借以经世致用的智慧和手段。

最后，我们是否可以做出这样的结论：信史原则和功能信念的统一，从根本上反映了中国史学传统的精神实质。

（原载《社会科学战线》1996年第2期）

三讲　中国古代历史理论发展大势

引　论

任何一门学科都有它的理论。历史学理论从其考察的对象和所要阐述的问题来看，包含历史理论和史学理论两个部分。概括说来，历史理论是人们关于客观历史运动的论述与解说，史学理论是人们关于历史学作为一门知识或一门学科的论述与解说。历史理论与史学理论有密切的联系，即在研究的主旨和重点不同的情况下，二者可以互相包容。这是因为：一方面，史学活动也是历史活动的一部分，史学活动中出现的重大问题大多可以从历史理论中得到说明；另一方面，史学活动又是对历史活动的反思，历史活动中产生的观念、思想、理性等，自然会成为史学活动必须包含和阐述的内容。尽管如此，历史理论与史学理论的内涵毕竟有所不同，从历史学的理论研究来看，对历史理论的发展和史学理论的发展，都有必要做深入、系统的研究。

唯物辩证法认为，任何事物都有一个产生、发展的过程。中国古代历史理论的产生、发展亦不例外，它是唯物史观产生以前的历史理论的一种形式，是在中国的历史发展和史学发展中逐步形成与演进的。因此，它所涉及的许多问题无疑都带着中国历史和中国史学的特点，其中有些问题也具有普遍的意义。

中国史学在其漫长的发展过程中，史学家们在历史观点、历史思想方面有了丰富的积累，也有一些史学家的历史思想形成了他们那个时代所能达到的认识水平和理论体系。这个认识水平和理论体系因时代而异，因而是变动的，且随着历史的发展而发展的。从司马迁、班固到范晔、杜佑，从司马光、郑樵、马端临到李贽，从顾炎武、黄宗羲、王夫之到崔东壁，其发展的轨迹清晰可见。还有一些思想家、政治家关于历史的见解和评论，包含着一些有意义、有价值的历史观点和历史思想，这些都可以丰富我们对于中国古代历史理论的认识。

20世纪60年代初，白寿彝先生在《谈史学遗产》一文中指出："分析批判各种不同的历史观，这是我们研究史学遗产时首先要担当起来的重要的工作。当然，过去无论哪一种历史观都不可能跟马克思主义历史观相比。但分析批判这形形色色的历史观，对于掌握历史理论的发展规律，锻炼我们的识别能力，丰富我们的理论，提高我们的水平，都是不可少的。”[1]这里包含了两层意思，一是对各种各样的历史观进行分析，给予恰当的评论；二是这种研究过程有利于研究者“掌握历史理论的发展规律”。是否可以认为：前一个方面是可以不断得到一些具体的结论，后一个方面则是长期的、潜移默化的提升过程。作者在这篇论文中还提出了三个值得关注的具体问题：一是“人定胜天论跟命定论间的斗争”，二是“时势创造历史论跟英雄创造历史论的斗争”，三是“历史进化论跟是古非今和历史循环论的斗争”。[2]作者对此都进行了概括性的阐述，从而指出了中国古代历史理论是在矛盾运动中发展起来的。

20世纪80年代，白寿彝再次论说史学遗产，他在讲到历史观点时，发挥了他在20世纪60年代所阐述的见解。他指出：“多年以来我们有个看法，认为马克思主义以前，历史观点都是历史唯心论，好像是一无可取。前几年，我们在中华书局搞‘二十四史’的标点工作。每一部史书在出版的时候，照例要写一篇出版说明……按照这种写法，‘二十四史’只能是

---

① 白寿彝：《谈史学遗产》，《白寿彝史学论集》上册，北京师范大学出版社1994年版，第472～473页。

② 白寿彝：《谈史学遗产》，《白寿彝史学论集》上册，第469页。

二十四部史料书，再没有其他的价值了。但这是不符合实际的。‘二十四史’，固然给我们留下了大量的历史资料，还给我们留下了不少的思想资料，留下了观察历史的方法，留下了写历史的方法，留下了许多专门知识。从历史观点来说，在‘二十四史’里，在别的很多史书里，在不少有关史事论述的书里，都还是有进步的观点、正确的观点，可以供我们参考、吸取和发扬的。”①这段话包含了对学术工作中的经验教训的反思和总结，其核心所在是说明对史学遗产中的思想遗产，应当用历史主义的方法去总结，用辩证的观点去分析，而不是做简单的看待。

白寿彝以其在史学遗产方面的渊博学识和对于中国史学中的历史观点、历史思想、历史理论的高度重视，以及对于马克思主义关于思想发展的辩证法则的深刻理解，因此从20世纪60年代至80年代，一再提出并强调要加强历史观的研究。1983年，他在一次学术讲演中又一次阐述了他的一贯的见解，他说：“关于中国史学遗产，我看有好几个方面值得我们注意的。第一个，中国历代的史学家、历代的思想家，有不少的人都有他们的历史思想、历史观点。……马克思主义没传入中国

① 白寿彝：《关于〈谈史学遗产〉——谈史学遗产答客问》，《白寿彝史学论集》上册，第495～496页。

以前，中国历史学不可能有一个历史唯物主义的思想体系，这是没有问题。但这并不等于说，我们过去没有正确的历史观点。对具体历史问题、具体历史现象、具体历史人物、具体历史事件，过去也曾经有过不同程度的正确看法，这些看法不可能都写在马克思主义经典里面，但是它们是正确的。在今天我们有马克思主义指导了，对于这些前人所做的成果，我们不要一脚踢开，应该吸收过来做我们的营养。”①“历史唯物主义的思想体系”是到目前为止人类历史上最先进最科学的思想体系，这个科学的思想体系是它的创始人马克思、恩格斯继承并提升了人类思想的积极成果而创造出来的，它不同于在它出现之前的任何思想体系，但又并非同以往的思想体系毫无联系，这就是人类思想发展历程的辩证法则。白寿彝本着他的这种信念，提出了在马克思主义的历史唯物主义思想以前，中国史学上也曾有过正确的思想。这些正确的思想还可以吸收过来作为今天的史学工作者提高自身理论水平的“营养”。正因为如此，他讨论史学遗产问题并不只是停留在学理上，而是进一步落实到史学活动的实践层面，使史学遗产在当今的史学发展中

① 白寿彝：《关于建设有中国民族特点的马克思主义史学的几个问题——1983年4月6日在陕西师范大学历史系的讲话》，《白寿彝史学论集》上册，第311页。

获得新的生命力。总之，探讨中国古代历史理论的存在状况和主要成就，“掌握历史理论的发展规律”，使这方面的研究所得促进当今史学发展，是我们的主旨和目标。

需要着重指出的是，这种探讨还有另一个方面的重要意义，即有助于沟通中国古代史学的思想体系同马克思主义唯物史观的联系。这一点，在白寿彝的上述论说中已有不同程度的显示，而刘大年论中国古典哲学同马克思主义的关系，其雄辩的论证则给予我们深刻的启示。刘大年指出，在近代中国，“马克思主义在中国传播，并终于与中国固有文化结合起来”，这有四个方面的原因，前三个原因是时代使然，第四个原因是：“马克思主义与中国传统文化中古典的朴素的唯物辩证法的思想是可以沟通的。也就是说，中国人接受马克思主义哲学思想有内在的根据。尽管中国古典哲学与马克思主义哲学产生于相隔遥远的历史时代，属于截然不同的社会意识形态、属于不同的世界观和思想体系，但中国古代典籍复杂多样，其中关于唯物辩证法的思想，一向是人们所熟知的。自然它的形式是中国传统的。”[①]刘大年在进一步总结他的论点时又指出：“以上四条，一、二、三条主要讲从中国近代社会历史、

① 刘大年：《评近代经学》，《刘大年集》，中国社会科学出版社2000年版，第429页。

时代环境和斗争来看，第四条讲从中国传统哲学来看，说明马克思主义与中国国情相符合。马克思主义与中国传统文化相结合，是中国文化的自我更新，是中国文化现阶段的重要发展。孔子学说统治成为过去，近代经学结束，是历史朝前演进的必然，是合理的和不可避免的。为什么五四运动以后，西方各种牌号的新思想、新学说蜂拥进入中国，又都像昙花一现，转眼过去，惟有马克思主义终于落地生根，开花结果了？这四条就是回答。”[①]如果我们把刘大年说的中国古典哲学同马克思主义哲学的位置，换位给中国古代史学同马克思主义史学的话，它们之间的相互关系应是大同而小异，并无本质上的区别。举例来说，中国古代史学中关于天人关系的讨论，其中也多少包含着历史究竟是“神”的启示还是“人”的启示；中国古代史学中关于古今关系的认识，其中包含着人类历史是否从低级阶段向高级阶段发展的过程；中国古代史学中的地理观念，也存在着地理环境对社会历史发展的影响的朴素认识；中国古代史学中一再出现的“君，舟也；民，水也。水能载舟，亦能覆舟”古训，尽管还不能视为承认人民群众在历史上的伟大创造作用，但从维护政治统治着眼已不得不考虑“民”的存在，等等。我们甚至也可以模仿刘大年的说法，即中国古代史学同马

---

① 刘大年：《评近代经学》，《刘大年集》，第427页。

克思主义史学是本质上完全不同的史学，中国古代历史理论同马克思主义唯物史观的发生相距甚远，但它们之间却是可以沟通的，这正是中国古代史学的优秀遗产能够同马克思主义唯物史观相结合从而获得新生的内在条件。

中国史学的发展证明，正是这种结合产生了中国马克思主义史学，使中国史学获得了新生，同时也扩大了马克思主义史学在世界范围的影响。马克思主义历史理论同以往的历史理论既有本质的区别，也存在着一定的联系，这是因为人类对于客观历史的认识是一个长期积累和发展的过程；尊重这一认识过程的辩证法则，才使我们对中国古代历史理论的探讨具有学理上的价值和现实的借鉴意义。

中国古代历史理论发展大势，按历史时段划分，充分考虑到历史理论自身演进的轨迹，以关注其具体标志和整体面貌为根据，大致显示出如下的发展大势：先秦、秦汉时期，是其形成阶段；魏晋南北朝隋唐时期，是其发展阶段；五代宋辽金元明清（1840年前）时期，是其繁荣时期。

一 中国古代历史理论的形成

人们的社会存在决定人们的思想。先秦、秦汉时期的历史发展，影响着这一时期中国史学的特点，进而影响到这一时期的历史理论。因此，在这里首先要对这一时期的历史发展和史学特点做一简要概括，然后再论及有关历史理论的形成。

先秦、秦汉时期，泛指中国自远古时代至东汉末年的历史，是中国历史分期中包含年代最长远的历史阶段。我们这里所讲的先秦、秦汉时期，主要是指有文字可考的历史以来至东汉末年的历史阶段，即包含殷商、西周、春秋战国、秦汉等时期的历史。从社会形态来看，一般说来，殷商、西周是奴隶制社会阶段，东周初年和春秋战国是奴隶制社会向封建制社会过渡阶段，秦汉是封建社会的成长阶段。[①]从社会发展的趋势来看，殷商和西周都曾创造出了它们那个时代的辉煌，而商汤灭夏和武王灭商也同样是那个时代的重大历史事件。周平王东迁洛邑以后，中国历史进入剧烈的动荡时代，一方面是社会内部的矛盾、斗争和经济、政治变革。一方面是学在官府的局面被打破，而“百家争鸣”则促成了思想领域的活跃和创新。

秦、汉皇朝的先后建立，形成了中国历史上前所未有的统一局面，从而奠定了统一的多民族国家发展的基础。秦、汉皇

① 关于中国社会的历史分期问题，20世纪中国史学界不断有所争论，见解各异，分歧甚大。这里是根据白寿彝主编的《中国通史纲要》“叙篇”的说法，以下各卷同此。《中国通史纲要》，上海人民出版社1980年版。

朝也都创造了它们的辉煌，在中国历史上占有非常重要的地位。由于它们所实施了不同的政策，它们的政治局面和历史结局都有很大的区别：秦朝的短祚和两汉的接续，形成鲜明的对比；这同它们的政治、经济、文化政策的迥异有密切的关系。

上述历史形势，直接影响到史学面貌。先秦、秦汉时期的史学，是中国史学的源头和根基。所谓源头，一是由于文字的发明，中国历史上出现了最早的文字记载，从而为史学的产生创造了条件。二是出现了最早的史官、官文书和宫廷颂诗，其中包含了历史记事的萌芽。三是随着纪年的进步，王室和各诸侯国出现了国史。四是由于学在官府格局的被突破，出现了私人著史的现象，从而形成了中国史学上官修史书和私家著史相辅相成的优良传统。所谓根基，是秦汉大一统政治局面和历史条件，造就了规模宏大的史学，为此后两千多年中国史学的发展奠定了深厚的基础，这就是《史记》《汉书》的先后问世。

从中国史学史发展的长河来看，这一时期是中国史学从萌芽到初步发展的时期。此时，中国古代历史理论开始形成，并产生了具有标志性的成果。这一形成过程经历了两个阶段，即先秦史学中若干历史观点的提出和两汉时期史学中历史理论体系的初步形成。从前一阶段到后一阶段，经历了上千年的漫长过程和不断积累。

在先秦史学中，我们可以梳理出来一些比较重要的历史观点：第一，天与人的关系，包含“天命”与“人事”的作用，“天道”与“人道”的区别，等等。二者演进的轨迹，是“天”“天命”“天道”所笼罩的神意逐渐被怀疑、被轻视，而“人”“人事”“人道”所具有的现实作用逐渐被认识、被重视。第二，古与今的关系，包含古今是否有联系，古今是否在变化，变化的方向是倒退、是循环还是进步，变化的原因是什么，等等。其演进的轨迹比较复杂，其中最值得关注的观点，一是变易，二是看到了变易中的进步，三是具有探讨变易之原因的意识。第三，君主与国家的关系，包含了君主的类型、君主的职责、君与臣的关系、君与民的关系等等。其演进的轨迹，亦呈复杂形势：君主地位的提升，国家观念的形成，民本思想的强化，以及它们之间的相互关系所形成的张力，推动着史学家认识的继续深入。第四，地理条件与社会发展的关系，包含对地理条件之差异的最早认识，地理的整体观念及其区划，地理条件对社会发展的影响，地理与国家政治之关系的观念，等等。其演进的轨迹，一是人们越来越认识到地理条件的重要，二是国家观念之地理表现形式的思想逐步形成。第五，民族与文化的关系，包含夷夏之辨的观念及其含义，夷夏之辨与礼乐制度的关系，夷夏之辨的文化内涵，夷夏之辨与统一的多民族国家的关系，等等。其演变轨迹也非常复杂：一是从民族本身的差别看待夷夏之辨，一是从文化发展程度看待夷夏之辨，以及这两种观念在对待民族与国家之关系上的不同认识及其长久的历史影响。第六，兴亡之辨与历史鉴戒的关系，包含对历史上朝代兴亡、社会治乱之原因的探讨和总结，历史经验教训对于现实的价值和意义，史学家们总结历史经验教训的方法，等等。其演进的轨迹，一是人们直接从客观历史中汲取教训、总结经验，逐步发展到通过史书的记载而从中总结历史经验教训，其间包含着人们怎样认识社会历史、怎样认识史学，以及通过史学如何去认识历史；二是人们关于历史鉴戒的思想，一般说来还停留在对具体事物认识的基础上，把历史鉴戒思想提升到理论层面上来，此时还只是个别现象。

在秦朝，史学出现了一个短暂迟滞阶段。而在两汉史学中，史学家们对上述这些问题的认识，都有所涉及，有的问题在认识上有了更大的发展，而尤为重要的是，对于这些问题的认识，不再表现为分散的、个别的认识；在有的史学家如司马迁、班固那里，这些认识已表现为相互联系的系统性认识，以致形成了自己的历史理论体系。司马迁的历史理论体系是围绕“究天人之际，通古今之变，成一家之言”这一撰述目标而展开的。其中，“成一家之言”的含义既有史学理论方面的目标，也有历史理论方面的目标。通观《史记》全书，综合司马迁的撰述目标，其历史理论体系的主要构成是：

——质疑“天道”（如《伯夷列传》），使其与人事区别开来；

——抨击封禅和祈神活动，指出其对社会的危害（如《封禅书》）；

——着重于表述人事在历史活动中的作用（如《陈涉世家》等），肯定了人在历史转折关头或重大事变中的作用（如《绛侯周勃世家》等），认为人的智谋在历史进程中具有重要意义（如《陈丞相世家》等），注意到普通人的社会存在和价值等（如《货殖列传》《游侠列传》等），从而确立了中国古代史学的人本主义传统；

——提出了中国历史演进过程及其阶段性特征的完整认识（如《三代世表》《十二诸侯年表》《六国年表》诸表序）；

——提出了历史变化与社会进步的认识（如《六国年表》序、《商君列传》后论等）；

——揭示了治乱盛衰转化的丰富的历史经验和普遍性原则（如《平准书》序、《货殖列传》序等）；

——提出了历史演进、社会变化是一个自然发展过程的初步认识（如《平准书》序、《货殖列传》序等）；

——司马迁以五种体例纪、表、书、世家、列传著成《史记》，在理论上、内容上、表现形式上反映了社会历史的全貌，包含政治、经济、民族、制度、自然环境、各阶层代表人物活动及其相互关系与社会价值等等，以达到“成一家之言”的撰述目标（如《太史公自序》所论）；

——关于历史人物评价，《左传》《国语》已有了人物评价之标准的言论，但未成体系。《史记》提出了评价历史人物的理论和方法，其总的原则是“扶义俶傥，不令己失时，立功名于天下”（《太史公自序》），这些观点还见于各“列传”的后论中带有普遍性认识的议论，也见于《太史公自序》中的有关小序即有关篇目的撰述提纲。

综上，这是一个较全面的历史理论体系，具有前无古人的价值和后启来者的作用。以此为标志，中国古代历史理论已初步形成。

此后，这一时期的史学家班固、荀悦对上述历史理论体系各有补充和发展。班固的主要贡献是：第一，明确地提出《汉书》撰述目标是“综其行事，旁贯《五经》”，即把具体的历史事件和思想文化结合起来。第二，其《汉书》十志表明他对社会构成和社会生活的认识、理解更加丰富、更加深刻，如《食货志》称“厥初生民，食货惟先”；《地理志》称“自昔黄、唐，经略万国，燮定东西，疆理南北”，显示出明确的疆域理念；《艺文志》称“秦人是灭，汉修其缺，刘向司籍，九流以别，爰著目录，略序洪烈”，重视历史典籍和文化传承的思想等，都有重要意义，显示出班固“上下洽通”思想的丰富内涵和理论特色。第三，《汉书·叙传》的最后几句话表明，班固的《汉书》是要把国家、自然、政治、制度、思想、文化传统等以及人们的活动及其相互关系都写出来，显示了他的整体历史感。荀悦的主要贡献，是提出了“六主”“六臣”论，对推动君主论的进一步发展有积极的作用。此外，他关于治乱兴衰之故的分析，认为要考虑到形、势、情三个因素，是看到了主客观因素对历史活动的影响。

从孔子的开阔的民族思想，到司马迁写《五帝本纪》和周边各少数民族传记，反映了这时期的史学在民族问题上，是从对民族的认识发展到对民族史的认识。这一趋势在先秦史学和两汉史学中，都具有突出的特点。中国在历史上是统一的多民族国家，史学家的上述认识是一个贯穿始终的、不断发展的历史理论问题。

二　中国古代历史理论的发展

首先来看魏晋南北朝、隋唐时期的历史发展与史学特点。魏晋南北朝隋唐时期，是中国封建社会的发展时期，生产力水平的提高和科学技术的进步，以及与之相适应的生产关系的变化、思想文化领域的活跃等等，是这一发展的主要标志。

这一时期的历史发展，在以下几个方面特别值得关注：一是门阀地主成为这个时期地主阶级中占统治地位的阶层，因此门阀的特点在社会的许多方面都有鲜明的反映。[①]二是自秦统一以来，中国历史上第一次出现了民族大迁移、大组合、大融合的局面。这一方面造成了社会的动荡，另一方面也为新的更大规模的统一多民族国家的发展创造了条件。三是从三国鼎立到隋的统一，其间出现了三百七十年的分裂时期。从整体上看，由于多年的纷争不利于全国历史的发展；但从局部来看，为了支撑各个割据皇朝的存在，地方的社会经济也有不同程度的发展，并最终造成全国经济重心的南移。四是隋唐统一局面的出现，创造出了中国封建社会史上空前的繁荣，“贞观之

① 参见白寿彝主编：《中国通史纲要》，第227～228页；瞿林东：《唐代谱学和唐代社会》，《唐代史学论稿》，第90～116页。

治”和“开元盛世”成为这个繁荣的两个标志。在物质生产领域和精神生产领域的诸多成就与丰硕果实，证明隋唐皇朝所统治的国家，成为当时世界上文明发展程度最高的国家。五是这个时期的中外交流有了更大的发展，佛教的传入激励着中国僧人的西行“求法”，鉴真的东渡日本和日本使臣与留学生大规模来到中国，使印度文化传入中国，而中国文化一则经西域西传中亚，一则东传朝鲜和日本。这是一个开放的时代，是一个文明进程突飞猛进的时代。

这个时期的史学发展的特点表现在许多方面，其中最显著、最重要的特点是：多途发展，门阀意识，转折创新。具体说来，魏晋南北朝时期，由于历史发展呈现出丰富多彩的特点，促使史学在“成一家之言”和创立“正史”之后出现多途发展的趋势：在“正史”占据重要地位的同时，史书的数量和种类剧增，门阀的特点和多民族国家历史的特点在史学上的表现至为突出。隋唐的统一，在历史观和政治观方面，都突出了“天下一家”的思想。史学在多途发展的基础上，出现了转折与创新的新趋势，而转折又往往同创新相结合。而转折与创新正是唐代史学的一大显著特点。

关于史学的多途发展，以及史书数量和种类的增加，可以从《隋书·经籍志》史部同《汉书·艺文志》的比较、《新唐书·艺文志》史部同《隋书·经籍志》史部的比较中得其大体。关于史学的门阀意识，可以从这个时期涌现出来的谱牒之书、家史、家传，以及对于礼书的重视中，窥其一斑。关于史学在发展中的转折，可以从通史撰述的兴盛及其撰述中的多种形态的出现，从通史的复兴和典制体通史的问世，从君主论、兴亡论、治国论等专书的纷纷面世到历史笔记的萌生等等，看到唐代史学的生机勃勃的创新势头。这些，对中国古代历史理论的发展，都有极重要的推动作用。

其次来看中国古代历史理论发展的历史及其主要标志。这个时期，中国古代历史理论在形成的基础上，步入了它的发展阶段。从整体上看，这个发展反映在三个方面：其一，前一个时期提出的重大理论问题，有些问题在这个时期都有了更深入、更全面的认识，有些问题的阐发则产生了系统的论著；其二，提出了前一个时期未曾提出的新问题；其三，出现了足以反映中国古代历史理论发展的标志性著作。

首先考察第一个方面：

（1）天人关系仍然是最根本的历史理论问题之一。尽管此时的史家、史书还时时称说“天命”，但“天命”愈来愈成为摆设了，人事才是真正被关注的对象。南朝的范晔、唐初的魏徵、中唐的柳宗元，都是否定“天命”的史学家、思想家。

由于柳宗元同史学的密切关系，他的《天说》《天对》不仅把“天命”逐出了自然观，而且把它逐出了历史观，“是超越前人的理论”[①]因而在历史理论发展史上具有特殊的重要意义。另一件具有重要意义的事情是，南朝的刘劭写出了品评人物的理论著作《人物志》。还有，在重视郡望的门阀时代，各种人物的传记如雨后春笋，表明这是研究人、表现人的时代，“天命”在历史理论的范围内已失去了昔日的尊严和光辉。

（2）古今关系也仍是历史理论的根本问题之一。人们在这个问题上的争论，已不是“法先王”“法后王”或言必称三代一类的辩难，而是在现实生活中，尤其是在政治得失的估量上究竟持怎样的认识。如关于政治建置，是分封优于郡县，还是郡县优于分封？其原因何在？从三国时期到唐代中期，人们有热烈的争论。又如关于人心风俗问题，是人们的本性越来越“浇讹”呢，还是由于社会越来越复杂，统治者应采取教化政策？再如关于华夏、夷狄的差别，是天然生成的呢，还是由于种种原因致使不同民族在时空中有所变化而形成的差异？等等。围绕这些问题的讨论，史学家们把自己的认识推进到新的

① 侯外庐：《侯外庐史学论文选集（上）》，人民出版社1987年版，第453～454页。

高度。

（3）关于国家职能的认识。在“民惟邦本，本固邦宁”的古老意识的基础上，怎样更深入、更全面地看待国家职能？《周礼》、历代官制实质上都触及这个问题，而杜佑《通典》的问世，是极明确地、合乎逻辑地阐述了这个问题，这是中国古代国家观在历史理论领域的极重要的成就。

（4）怎样看待民族和民族关系。从《三国志》到唐修八史，史学家是怎样继承司马迁撰写民族传记的传统的？他们的认识、理论有何异同？总的趋势如何？江统提出《徙戎论》的根据何在？唐人撰写《晋书·载记》的理论根据是什么？从十六国到唐代，史学家们是如何自觉、不自觉地在史书中反映出各民族历史文化认同的趋势的？范晔、刘知幾、杜佑、唐高祖、唐太宗等，是在这些问题上提出了精辟见解的史学家和政治家。

（5）君主论在中国古代历史理论中占有特殊的地位。前一个时期，孔子、孟子、荀悦等，都有所议论，而《史记》多有精辟论断。这一时期，关于君主的评论，在正史帝纪中屡见不鲜，其中不乏真知灼见，《后汉书》《隋书》帝纪后论堪称代表作。但更重要的是，这个时期的君主论已发展为系统的认识和理论的阐说，前者如虞世南的《帝王略论》（略是事略，论是评论），后者如唐太宗的《帝范》。

（6）关于正朔之论。制定正朔同历法有关，在中国古代，它也同政治统治有关。因为只有最高统治者才有权确定正朔。随着历史的演进，制定正朔也就成了政治统治之合法性的同义语了。陈寿《三国志》问世后，历代史家对此有不同的见解。从历史理论来看，其重要性并不在于政治统治的“合法性”问题，也不在于华夷之别的问题，其隐藏的深层含义，乃是政治统治的历史连续性问题。这对于中华文明在历史观念上和历史撰述的表述上，都有极其重要的意义。其后，宋代以下正统论及相关论点，都属于这种性质。

（7）地理环境与社会发展。司马迁把西汉辖境划分为几个各有特色的经济区域，并分别有所论述，反映了他的区域经济思想因素。这一时期，史学家们对地理条件之影响社会发展多有关注，历代正史中的地理志及地方志等，都有不同程度的论述。此外，北魏郦道元的《水经注》、唐初虞世南的《北堂书钞》地理部、中唐李吉甫的《元和郡县图志》和杜佑的《通典·州郡典》等，都包含着有代表性的理论认识。大致说来，地理条件之影响社会发展，在政治、经济、军事、民族、风习等方面，都有一定的作用。

（8）兴亡论和治国论的展开。兴亡论和治国论之所以成为古代历史理论的一个方面，是因为它集中地反映了史学家们对历史上重大问题的认识，这些认识影响于后世之最重要者在于治国安邦，即从历史上的兴亡之论返回到现实中的求兴而避亡、求治而避乱的实践，故其具有特殊的意义，这也可以认为是人们认识历史的重要现实目的之一。前一时期，贾谊的《过秦论》经司马迁引用后，产生了深远的影响。同样，陆贾的《新语》，也因《史记·郦生陆贾列传》的称道而广为流传。这一时期，史学家们关于兴亡和治国的讨论有全面的展开。以正史为例，范晔《后汉书》中帝纪后论、相关类传的序与论，不仅对东汉兴亡有很多精辟的分析，而且有些认识具有普遍的理论意义。唐初史家所修《晋书》《隋书》，在这方面也有很高的成就。其中，魏徵的史论以及他的多次上疏，都是关于兴亡之论、治国安邦之论的精彩篇章。朱敬则的《十代兴亡论》、李德裕的《三国论》等，也不失为名篇。尤其值得重视的是盛唐时期史家吴兢所撰《贞观政要》，此书十卷四十篇，详述唐太宗和他的大臣们论为政得失之故、议长治久安之策，其音容笑貌栩栩如生。可以认为，这不仅是一部贞观之治的历史画卷，而且是一部有普遍意义的关于治国安邦的理论著作，对后世产生了极其深远的影响。与此有关的，还有中唐时期的学人赵蕤撰写的《长短经》，也是一部以历史内容为主的专书，旨在经世济用，自应在历史理论考察的范围之内。

（9）关于历史人物评价的标准、理论和方法。《后汉书》重视历史人物的德行，并善于做综合概括，提出理论性的认识。《隋书》继承了司马迁的思想，强调历史人物和时势的关系，认为时势造就了杰出人物。中唐以至晚唐，史家关注以何种标准采集人物传记的问题，具有重要的理论价值。尤其值得全面阐释的，是南朝刘劭的《人物志》，这是极重要的一部关于如何评论人物的理论著作。

这个时期，提出了什么新的历史理论问题呢？这里，至少有两个问题是十分重要的：第一个问题，关于“天下一家”的思想。在中国历史上，“海内一统”是一个重要的历史观念。三国鼎立时期，政治家们追求的是政治统一；陈寿撰《三国志》，是把三国的历史写在同一部史书中；北魏郦道元作《水经注》，其视野所及，是全国的疆域，有的地方甚至涉及境外；隋唐之际的李大师早已不满于以南北分割的观念撰写史书，李延寿继承父志，写出了南、北互见的《南史》《北史》；唐人撰《晋书》，除民族问题外，也有要写出完全意义上的两晋历史的目的，等等。凡此，都是“大一统”思想的具体反映。隋唐时期，史学家和政治家反复称说“天下一家”，这可以看作是“大一统”观念在新的历史条件下提出的一个新的历史观念，对其做深入的考察，有重要的意义。第二个问题，关于国家起源的问题。先秦、秦汉时期，人们已有这方面的一些认识，而这个时期的柳宗元撰写的《封建论》是更具有实际内容的天才猜想，是当时人们认识水平所能达到的最高成就。

中国古代历史理论进入发展阶段的标志是什么？如果说，司马迁、班固的史论标志着中国古代历史理论的形成的话，那么杜佑、柳宗元的史论则标志着中国古代历史理论进入到新的发展阶段了。如果说马、班是以其完整的体系标志着中国古代历史理论的形成，那么，杜佑、柳宗元则是以其在许多重大问题上的认识所达到的新的高度，成为中国古代历史理论发展阶段的主要标志。举例来说，杜佑论地理环境与华夷关系，论古今关系与华夷之别，论食货为国家职能之首及各部门职能之逻辑关系，论风俗与社会，等等，都是历史理论领域的新发展。柳宗元论天人关系，论“封建”与“郡县”之建置的优劣及“势”的作用，论国家起源，论“圣人之意”与“生人之意”的根本性差别，等等，也都达到了当时人们认识的新高度。在历史理论多方面发展的基础上，杜佑、柳宗元的史论作为发展阶段的标志，是当之无愧的。

三　中国古代历史理论的繁荣

依照前例，我们首先对五代、宋、辽、金、元、明、清（1840年以前）时期的历史发展与史学特点做一概括。

五代、宋、辽、金、元、明、清（1840年以前）时期，是中国封建社会进一步发展和走向衰老时期。五代、宋、元时期，先有五代和十国的分立，继而有辽、西夏、金和两宋的和战，后有元的大统一。这个时期，广大的边区，从东北到西北，再到西南，基本上都进入了封建社会。东南经济的发展超过了北方，长江中下游地区成为全国最富饶的地区，这是封建社会进一步发展时期的两个重要标志。

前一个历史时期的门阀地主阶层，在北宋和南宋时期，代替它的是品官地主。元统一后，南宋地主阶级的势力基本上被保存了下来，他们所在的地区是当时社会经济最有代表性的地方。广大边区的封建化，是元代社会生产发展的新气象。明朝的建立和灭亡，以及清朝的前期和中期，是中国封建社会的衰老时期。前一历史时期的品官地主和他们延续下来的势力，以及蒙古贵族地主，在农民起义的重大打击下瓦解了。代替其地位的是新兴的官绅地主。这个阶层是商品生产和货币经济发展的产物，但因仍依附于旧有势力而得不到应有的正常发展。明初，资本主义已有萌芽，明中叶后期萌生较多。清初以后，资本主义萌芽又有所发展。

从对外关系上说，隋、唐、宋、元都居于主动的地位，明、清时期对外关系明显地逆转了。葡萄牙、西班牙、荷兰等国家，在16世纪初已经东来进行殖民活动，并侵及中国领土。此后，沙俄、英、美相继而来，对中国的野心日益扩大。明初郑和下西洋和清初对沙俄的侵略进行反击，这是对外关系上的大事，但从总的形势来看，中国的处境日益被动。在鸦片战争后，中华民族日益陷入深重的灾难。①

上述历史状况，不论是政治的、经济的、民族的及中外关系等方面，都对史学发展有直接、间接的影响。总起来看，从五代到清中叶，这个时期的史学有几个鲜明的特点。第一是史学家的忧患意识十分突出。不论是北宋司马光作《资治通鉴》、范祖禹作《唐鉴》，还是南宋李焘作《续资治通鉴长编》、李心传作《建炎以来系年要录》、徐梦莘作《三朝北盟会编》，都极其鲜明地反映了这一特点。这个特点是由两个原因造成的，一是北宋的社会问题严重，经济、政治、军事亟待改革，二是尖锐复杂的民族矛盾。忧患意识是中国古代史家的

① 以上概述，参见白寿彝主编：《中国通史纲要》，第19~22页。

优良传统，而以两宋史家最为突出。第二是多民族史学的进一步发展。这是中国史学的优良传统之一，以元代史学最为突出，清代史学则继其余绪。这个特点与统一的多民族国家的历史及其发展有直接的关系。第三是史学向社会深层发展。这一方面表现为历史撰述更多地反映出社会经济领域各部门的具体内容；另一方面是更多地反映出人与自然的关系如治河、救灾等；再一个方面是反映出社会大众对史学的需要以及蒙童教育中历史内容的增多，促进了历史教育的发展；还有一个方面是历史笔记和地方志的兴盛，进一步扩大了史学的范围和影响；市民阶层的意识和要求，在史学中开始表现出来。第四是历史著作反映了古代史学之总结与嬗变的趋势。这一趋势在历史理论、史学理论、历史文献学等方面表现为批判意识的增强，尤其是对君主专制的批判，同时也表现在旧的价值观念的动摇。第五是自宋、辽、西夏、金、元以来直至明、清，各民族历史文化认同的发展。这在历代正史、地理书、皇帝诏书、典章制度等历史文献中都有显著的反映，对统一的多民族国家的历史进程产生了巨大的影响。第六是关于域外史地的记述增多了，反映了中国与世界的联系比以往更加密切。上述的历史形势与史学特点，推动了五代、宋、辽、金、元、明、清（1840年以前）时期历史理论的繁荣与嬗变。

宋代理学的兴起和明清之际历史批判意识的滋长，从不同的方面影响到这一时期的历史观念，从而在历史理论中不同程度地表现出来。但是，古代历史理论发展的路径并未因此而出现方向性的变化。从总体上看，它沿着已经走过的轨迹继续前行，并踏进了繁荣的门槛，而在繁荣之际，也就出现了一些新的变化及特征。

第一，关于天人关系。司马迁提出的“究天人之际”的问题，经过千年左右的讨论，“天”的神秘的面纱已被揭去，“人”理所当然地成了历史的主宰。由于理学的兴起，理学家们关于“天理”和“人欲”的诠释，不论其有多大的合理内核，都给史学的发展带来了某种消极影响，但它毕竟不能改变史学家循着“人事”的“势”与“理”去思考和解释历史。

第二，关于古今关系。当郑樵提出“会通之义”“会通之旨”“会通之道”时，他是把历史纵向考察视为既有“古今相因”，又有“古今之变”的；同时，他又把历史横向考察视为“百川异趣，必会于海”，“万国殊途，必通诸夏”。质而言之，“会通”不只是时间相通，而且也是空间相通。是否可以认为，这是把《史记·太史公自序》和《汉书·叙传》中说的“通古今之变”和“上下洽通”综合起来了；是否可以认为，这是中国古代史学家的“大历史观”的一种表述形式。还有，当马端临提出区别看待历史之“不相因”与“实相因”时，是否可以认为，中国古代史家对于古今关系又有了更深一层的认识，即对具体史事和制度沿革不做同等看待。当然，他说的“不相因”，是从事件本身去看待的，并不是指事件背后的“理”。他说的“实相因”则具有很高的理论价值，从今天的眼光来看，这是指出了中华文明之连续性发展的一个基本规律。

第三，关于地理条件与社会发展。地理思想在这一时期有了很大的发展，从现存的《太平寰宇记》可见宋人的地理观念之宏大和国家统一意识之明确。明、清两代的大量的治河之书，反映了史家对水利的认识达到了新的高度，所叙经验教训在今天仍有现实参考价值。顾炎武的几部地理著作，反映地理与建都、水利与经济、地理建置与政治统治之关系的认识与阐述，都有丰富的理论内涵。顾祖禹的《读史方舆纪要》是古代军事地理的最高成就，其各部分的序文多系地理思想之杰作。其他散篇专文，亦不乏真知灼见，如龚自珍的新疆建省之议等。

第四，关于民族与民族关系。这时期的史学家们在这方面的认识，既有激烈的论争，又有理性的阐说，其总的趋势是走向历史文化认同：辽、金史家对中原历史文化的认同，元代史家对宋、辽、金三朝历史的认识以及对中原历史文化认同（其中包含对多种史书的重视与评价），清代史家表现出来的对中华历史文化的广泛认同、总结、继承和发展。这些历史文化认同的种种表述形式和理论上的阐发，乃是中华民族之民族认同的思想基础和理论基础。

第五，关于君主论。这时期的君主论，与前一时期相比，在正面的理论阐述上，建树不甚突出。司马光的《稽古录》略有评论，而《册府元龟》的“帝王部”在分目论列上颇有可采。值得关注的是明代专制主义集权，已难得有正面阐说君主的专书。到了明清之际，黄宗羲、顾炎武、王夫之乃是以批判君主专制为宗旨的史学家，这标志着中国古代君主论已经到了终篇的时候了。我们说的此时历史观的嬗变，这是主要标志之一。

第六，关于国家论。司马光强调“国家盛衰”“生民休戚”，王夫之强调“国是”“民情”“边防”，其间贯穿着国家职能之观念的不断增强。自宋迄清，在国家行政建置方面，各有论说，都有值得总结的地方。顾炎武的《郡县论》《钱粮论》《生员论》，都是论国家职能的大文章，具有古代国家论的总结性质。他说的“天下兴亡，匹夫有责”，指出了个人同国家的关系；这种关系已不是臣民对于君主的关系了。

第七，关于正统论。欧阳修继承了《春秋》笔法而倡言“正统”，把以往朝代更迭、皇位继承、华夷之辨、史书起元等历史现象和史学现象上升到理论层面，这对于深化久已有之的制定“正朔”的传统之内涵，有一定的意义。关于“正统”之论，言人人殊，各有利弊，自可分别做出分析、判断。这里，首要的问题是要关注历史发展的大趋势。清朝统治者自谓遵循炎黄以来的“治统”，又恪守儒家学说的“道统”，这无疑是事实上的“正统”。可见，“正统”之辨，从表象上看，是探讨某一朝、某一帝、某一民族之政治统治的“合法性”问题；从深层次上看，这是对中华文明之连续性发展的种种论证。

第八，关于治乱兴亡问题。在这方面，西周、汉、唐以来，宏论迭出，影响巨大。宋代史家，深于忧患，考察前史，抽绎真知。司马光的《稽古录》《资治通鉴》，范祖禹的《唐鉴》，孙甫的《唐史论断》等，都是佳作。李焘、李心传、徐梦莘等人的本朝史撰述，于得失成败之故，也多有深刻剖析。宋代史家在这方面达到一个新的高峰。元代史家论宋、辽、金三朝兴亡，不乏可采之论。明末清初，王夫之的《读通鉴论》《宋论》，可谓这方面理论的百科全书，中国古代历史理论至此达到它的最高境界。

第九，关于历史人物评价。前两个时期，在这方面已有丰富的理论和方法的积累，这时期史学家在历史人物评价方面，一则继承前人的理论和方法，一则也提出了新的认识，而重点在于后者。一是从学术史、名臣奏议、名臣事略一类的著作中，可看出作者的宗旨和理论；二是从李贽《藏书》对历史人物的分类及其标准，可看出其理论、方法、价值观等，这也是历史观念之嬗变趋势的表现之一；三是章学诚关于“知人论世”之评价历史人物的理念和方法，是中国古代史学关于评价历史人物之理论的最高成就，至今仍有方法论上的重要参考价值，等等。

纵观这一时期的中国古代历史理论的进程，一方面出现了繁荣的景象，另一方面是于繁荣之中显示出嬗变的趋势。概而言之，其繁荣的标志是：当理学家提出“天理”的命题时，史学家则把“天”从“理”中剥离出去，而把“理”放在事实中来考察。胡三省认为“道无不在，散于事为之间”，章学诚认为“古人未尝离事而言理”，这就是说，讨论“道”，讨论“理”，都不能脱离具体的历史事实。换言之，这是完全摆脱了神意的“天”来探讨理论问题。当郑樵、马端临对“会通”与“相因”、“不相因”做出了各自的论说时，表明史学家对古今关系的认识已超过了前人，而具有更深刻、更全面的理论内涵。此外，地理条件与社会发展之关系的理论，从宋代史家到明清之际“二顾”，就其理论形态的整体性而言，也都超过了前一时期。顾炎武的国家论，继承杜佑、柳宗元的思想，但在分析细致和观念明确方面，却又超过了杜、柳，成为中国古代国家理论的代表作。关于兴亡治乱的探讨与分析，宋代史家成就突出，明清之际的王夫之乃是这方面的集大成者。“正统”之辨的深层含义，从一个方面反映了史学家们对于中华文明之连续性发展的重视，理论价值与历史意义至为重要。辽、金、元、清四朝史家，把中国古代历史文化认同的优良传统极大地弘扬开来，其认识所得，是这时期中国古代历史理论中最重要的成就之一。以上这些，合而观之，确为中国古代历史理论之繁荣景象。至于李贽的历史人物论，黄宗羲的君主批判论，以及崔述的疑古、考信论等，则表明中国古代历史理论出现了嬗变的趋势，成为中国早期启蒙思想的一个部分。这个趋势，在1840年中英鸦片战争爆发后，其领域愈来愈宽阔，其势头也愈来愈迅猛了。

作者附记：二十年前，笔者撰写了《中国古代史学理论发展大势》一文，载《历史研究》1992年第2期，今作此文，似可视为其姊妹篇。

（原载《河北学刊》2011年第6期）

四讲　中国古代史学理论发展大势

在丰富的中国古代史学遗产中，史学理论是一个重要的方面。这里说的史学理论，是指史家对于史学自身的认识，它不同于历史理论，即史家对于历史的认识。简言之，前者是关于史学的理论，后者是关于历史的理论。史家对于历史的认识，是他们对于史学认识的前提之一；而史家对于史学认识的发展，又反过来促进他们对于历史认识的深入。这两个方面的理论本有密切的联系，为着研究上的方便，尤其是为了总结古代史家对于史学自身认识的丰富遗产，推动当前史学理论的建设和历史研究的发展，有必要加强对于古代史学理论的研究。

中国古代史学理论的发展，大致经历了四个阶段。第一个阶段，是先秦、秦汉时期，这是它的产生阶段；第二个阶段，是魏晋南北朝隋唐时期，这是它的形成阶段；第三个阶段和第四个阶段，分别是宋元时期和明清（1840年以前）时期，这是它的发展阶段和终结阶段。

一　中国古代史学理论的产生：从史学意识到自觉的史学发展意识

从春秋、战国之际到秦汉时期，中国古代史学理论逐步产生了。其标志是《春秋》《左传》《史记》等书所反映出来的对于史学的认识。从《春秋》和《左传》来看，它们的作者已经有了明确的史学意识；从《史记》来看，它更是突出地反映了司马迁的自觉的史学发展意识。这可以看作是古代史学理论产生阶段的主要特点。

《春秋》在史学意识上的突出反映，一是"属辞比事"，二是用例的思想。如《礼记・经解》所说："属辞比事，《春秋》教也。""属辞比事而不乱，则深于《春秋》者也。""比事"，是按年、时、月、日的顺序排比史事，是编年纪事的概括性说法。"属辞"，是指在表述史事时讲求遣词造句，注重文辞的锤炼。"属辞比事而不乱"，所谓"不乱"，除了编年纪事这种体裁之外，还包含了"属辞"中用例的思想。孔子修《春秋》，记二百四十二年史事，在史事和时间的关系的处理上，是"以事系日，以日系月，以月系时，以时系年”[①]，逐年编次。《春秋》以记鲁史为主，而包括周王朝及列国在这一时期的大事，这就要求汇集，编次同一段时间里发生在不同地区的史事。这是“比事”中对史事和空间之关系的处理。“比事”，还有一层含义，是对诸多史事比其大小、轻重而有所取舍，详略，以便用较少的文字表达出较多的历史情况和论断。这就是所谓“约其文辞而指博”。春秋时期，史事头绪纷繁，《春秋》的比事在对史事处理、史书编撰上做出了开创性的贡献。

《春秋》的“属辞”，首先也是有一定的体例上的要求。同是记战争，有伐、侵、入、战、围、救、取、执、溃、灭、败等不同的写法。同是记杀人，有杀、弑、尽杀、诱杀、歼等不同的写法。同是记人的死亡，有崩、薨、卒等不同的写法。《春秋》的“属辞”，还有缀辑文辞上的要求，即对于言辞、文采的重视。孔子重视言辞、文采的运用及其在社会实践中的效果，尤其重视对文辞的斟酌，认为：“言之无文，行而不远。”[②]司马迁说：“孔子在位听讼，文辞有可与人共者，弗独有也。至于为《春秋》，笔则笔，削则削，子夏之徒不能

① 杜预：《春秋经传集解·序》，见严可均校辑《全晋文》卷四三，中华书局1958年版。

② 《左传·襄公二十五年》。

赞一辞。”[①]这反映了孔子对历史撰述在文辞要求上的严肃态度。《左传》作者概括《春秋》在这方面的成就，说：“《春秋》之称，微而显，志而晦，婉而成章，尽而不污。”[②]后来《左传》《史记》都继承、发展了《春秋》这方面的成就，取得了更大的成功。

从流传下来的远古传说里，可以看出人们很早就有了历史意识。从历史意识的产生、发展到史学意识的产生，其间经历了漫长的年代。至迟在西周晚年和春秋时期，周王朝和许多诸侯国都已经有了国史，这是当时贵族社会历史意识的反映。不过这些国史后来都失传了，我们很难推断当时人们在史学意识方面的情况。到了春秋末年，孔子修《春秋》，显然已经有了明确的史学意识。这除了上文所说的以外，还有两点是很重要的。第一，是孔子对于历史文献的认识。他说：“夏礼，吾能言之，杞不足征也，殷礼，吾能言之，宋不足征也。文献不足故也。足，则吾能征之矣。”[③]从这里可以看出孔子对于历史文献的重视，讲授前朝的制度，不能不以历史文献为根据，这无疑是史学上的一个基本原则。作为史学家和文献整理者，孔

① 司马迁：《史记》卷四七《孔子世家》。

② 《左传·成公十四年》。

③ 《论语·八佾》。按：“文献”历来有一种解释，即文指文字记录，献指贤者言论。

子的这个认识和他的学术实践，对后来史学的发展有重大的影响。第二，是孔子对于历史撰述在思想上的要求。孟子这样说过："王者之迹熄而《诗》亡，《诗》亡然后《春秋》作。晋之《乘》，楚之《梼杌》，鲁之《春秋》，一也；其事则齐桓、晋文，其文则史；孔子曰：'其义则丘窃取之矣。'"①这里说的"义"，是褒贬之义，即是对于史事的认识和评价。孔子以前，已有一些史官善于指陈历史形势，对历史趋势做出判论，显示出了相当深刻的历史见解。而从历史撰述上即从史学上明确提出"义"的要求，孔子是最早的，这对后来中国古代史学的发展，产生了极其深刻的影响。可以认为，孔子是中国史学上第一位具有明确的史学意识的人。

《左传》的史学意识，一方面，表现在上文所引它对《春秋》文辞的称赞。另一方面，表现在它十分关注史官记事的态度。《左传》宣公二年通过记载晋灵公被杀、太史董狐对此事的记述及其与赵盾的辩论，然后借孔子的话，称赞董狐"古之良史也，书法不隐"，突出了董狐坚持如实记事的原则。《左传》襄公二十五年记齐国崔杼派人杀死国君庄公之事后，写道："太史书曰：'崔杼弑其君。'崔子杀之。其弟嗣书，而死者二人。其弟又书，乃舍之。南史氏闻太史尽死，执简以

① 《孟子·离娄下》。

往。闻既书矣，乃还。”《左传》作者对于这一史事未做评论，但联系宣公二年所记，这是非常鲜明地在称颂齐国太史兄弟和南史氏不惜以死殉职的精神。所谓“董狐精神”“南董之志”，成为中国史学上秉笔直书优良传统的先声和楷模，同《左传》的史学意识及有关的记载是密切相关的。

《左传》的史学意识在这两个方面的表现，表明中国古代史学此时已开始滋生史学批评的思想。孔子对董狐的评论，《左传》对《春秋》的评论和对史官恪守职责、秉笔直书精神的称道，说明古代史学批评从开始滋生之时起，便具有很高的境界。

比《左传》成书年代稍晚的《孟子》，在史学方面提出了一些很重要的见解。上文所引的“王者之迹熄而《诗》亡，《诗》亡然后《春秋》作”以及“事”“文”“义”的说法，是指出了政治形势和史书编写之间的联系，即涉及历史进程和史学发展的关系；指出了历史编撰所包含的事、文、义三个基本方面，并用孔子的话强调了“义”的重要。孟子关于历史进程和史学发展的关系的思想，包含着史学是一定历史时代的产物的认识，即认为《诗》代表一个时代，这就是“王者之迹”；《春秋》代表另一个时代，这就是齐桓、晋文之世。他概括了史书应当包含事、文、义三个方面，而又不把它们做同等的看待，突出了“义”的地位，这实际上是提出了史学上的三个重要范畴及其相互关系的认识。他的这些见解，在中国史学上都是很重要的。

孟子在史学方面的见解，还突出反映在他明确地提出了有关史学的社会作用的认识。他说：“世衰道微，邪说暴行有作，臣弑其君者有之，子弑其父者有之。孔子惧，作《春秋》。《春秋》，天子之事也。是故孔子曰：‘知我者其惟《春秋》乎！罪我者其惟《春秋》乎！’”说：“孔子成《春秋》而乱臣贼子惧。”[①]这一段话，包含的思想很丰富，一是指出了史家撰史的社会环境；二是从“孔子惧，作《春秋》”，看出了史家撰史具有明确的社会目的；三是指出了史学的社会作用，即“孔子成《春秋》而乱臣贼子惧”。孟子关于史学和社会关系的认识，在先秦时期的史学上是有代表性的，对以后也有深刻的影响。

先秦时期，从《春秋》和孔子言论，以及《左传》和孟子言论中，大致可以看到人们的史学意识具有鲜明的特点和丰富的内涵。我们可以把它归结为以下几个方面：一是重视史书的结构和文辞；二是重视史家对于史事的评价；三是推崇“书法不隐”的秉笔直书精神；四是提出史学发展同历史发展之间关

① 《孟子·滕文公下》。

系的认识；五是关于历史撰述的社会条件，社会目的和社会作用的认识；六是提出了事、文、义史学上的三个范畴，等等。这些，对于中国古代史学理论的发展，都具有重要的意义。

西汉时期，古代史家的历史意识更进一步增强了。司马谈临终前同其子司马迁那一番激动人心的谈话，正是这种强烈的历史意识的生动写照，不仅如此，《史记》一书还洋溢着司马迁的一种自觉的史学发展意识，这是先秦时期的史家、史著中所不曾有的、更高层次的史学意识。所谓史学发展意识，它不只是涉及有关史学的某些方面的认识，而且极为看重史学是史学家们不应为之中断的、具有连续性的神圣事业。他在《史记·太史公自序》中一字千钧地写道：

> 先人有言："自周公卒五百岁而有孔子。孔子卒后至于今五百岁，有能绍明世，正《易传》，继《春秋》，本《诗》《书》《礼》《乐》之际？"意在斯乎！意在斯乎！小子何敢让焉。

"小子何敢让焉"，这是把"绍明世""继《春秋》"的工作同周公、孔子的事业联系起来，还有什么比这更重要的呢？在司马迁看来，"《春秋》辩是非，故长于治人"；"《春秋》

以道义”，“拨乱世反之正，莫近于《春秋》。《春秋》文成数万，其指数千。万物之散聚皆在《春秋》”。可见，所谓“继《春秋》”，确乎神圣的事业。司马迁自觉的史学发展意识，可谓鲜明而又强烈。

司马迁的这种史学发展意识产生了伟大的成果，即写出了《史记》（他自称为《太史公书》）。他说：《太史公书》，“以拾遗补艺，成一家之言，厥协《六经》异传，整齐百家杂语”[①]。这是他的史学发展意识在实践上的要求，即把继承前人成果同自己的“成一家之言”结合起来，作为努力的目标。从广泛的意义上看，司马迁的“成一家之言”，不仅仅是指《史记》说的，而且也是指“史家”说的。战国时期有诸子百家而“史记放绝”，司马迁是要改变这种状况，他要使历史撰述也成为一“家”。这在史学发展上，是一件具有划时代意义的事情。

从孔子到司马迁，古代史家的史学意识不断滋生、发展，提出了许多史学理论上的重要问题。直至提出“成一家之言”的庄严目标。中国史学走完了它的童年时代开始成熟起来，史学理论的产生是这一发展过程的重要标志。

---

① 以上均见《史记》卷一三〇《太史公自序》。

二　中国古代史学理论的形成：系统的史学批评理论的提出

魏晋南北朝隋唐时期，在马、班所奠定的基础上，中国史学有了更大的发展。这时期的史学理论，已不限于提出来一些重要问题进行新的探讨，而且提出了系统的史学批评理论。这是古代史学理论的形成时期。南朝梁人刘勰《文心雕龙·史传》篇、唐初政治家关于史学的言论、《晋书》卷八二有关史家的传记、《隋书·经籍志》史部诸序等，都是反映这个时期史学理论发展的重要文献。尤其是刘知幾的《史通》，提出了系统的史学批评的理论和方法论，标志着古代史学理论的形成，是中国古代史学发展的里程碑。

《文心雕龙·史传》篇，是《史记·太史公自序》以后较早的评论史学的专篇。它认为史书具有使人们"居今识古""彰善瘅恶，树之风声"的作用。提出撰史的要求是"贯乎百氏，被之千载；表征盛衰，殷鉴兴废；使一代之制，共日月而长存；王霸之迹，并天地而久大"。它认为在历史编纂上最难处理的是对于史事的"总会"和"诠配"；并强调"述远"而不致"诬矫"、"记近"应杜绝"回邪"，以存信史为贵。《晋书》卷八二记载了陈寿等两晋时期十二个史家的传记，实际上是关于史家的类传。本卷后论说："古之王者咸建史臣，昭法立训，莫近于此。若夫原始要终，纪情括性，其言微而显，其义皎而明，然后可以茵蔼缇油，作程遐世者也。"这不是评论一部史书或一个史家，而是从理论上说明"史臣"的政治作用和社会作用。这反映了唐初史家对于"史臣"群体的历史地位的重视，也反映了他们对于一个朝代的史家活动的历史的重视。这两点都表明：从历史活动来看，史家成为考察和撰述的对象之一，是史学在社会生活中日益为人们所重视的结果；从史学活动来看，对于"史家"群体的研究和评论，正是史学活动主体对于自身历史的反省。《晋书》卷八二在这方面是一个开端。其赞语的最后一句话是"咸被简册，共传遥祀"，这是既涉及历史又涉及史学、意味深长的一句话。《隋书·经籍志》史部在史学发展上有重大贡献。从史学理论来看，它的贡献在于：第一，它把史书分成十三个类别，从而对历史撰述的范围提出了明确的界说。这十三类的名称是：正史、古史、杂史、霸史、起居注、旧事、职官、仪注、刑法、杂传、地理、谱系、簿录。第二，《隋书·经籍志》的历史文献分类思想具有力图反映史书之时代特征的自觉意识，这在霸史、杂传、谱系等类尤为突出。第三，它对史官所应具备的知识和所承担的职责做了简明的概括，这就是："夫史官者，必求博闻强识，疏通知远之士，使居其位，百官众职，咸所贰焉。是故前言往行，无不识也，天文地理，无不察也；人事之纪，无不达也。内掌八柄，以诏王治，外执六典，以逆官政。书美以彰善，记恶以垂戒，范围神化，昭明令德，穷圣人之至赜，详一代之亹亹。"《隋书·经籍志》还考察了各类史书的源流，并做了简要的评价，这在史学史上有重要的参考价值。

唐初政治家和史学家唐高祖、唐太宗、唐高宗、魏徵、令狐德棻、朱敬则等，关于史学有丰富的言论，也提出了一些理论上的认识。首先，唐高祖、唐太宗都十分重视史学对于政治统治的重要作用。唐高祖《修六代史诏》说："司典序言，史官纪事，考论得失，究尽变通，所以裁成义类，惩恶劝善，多识前古，贻鉴将来。"唐太宗在《修晋书诏》中讲到他自己阅读史籍的收获和认识，认为："大矣哉，盖史籍之为用也。"指出，历代史书"莫不彰善瘅恶，激一代之清芬；褒吉惩凶，备百王之令典"[①]。可以认为，"贞观之治"局面的出现，跟当时的史学是有密切关系的。其次，重视对于史官的严格挑选。朱敬则《请择史官表》说："董狐、南史，岂知生于

① 以上均见宋敏求等编：《唐大诏令集》卷八一。

往代而独无于此时，在乎求与不求，好与不好尔！”[①]根据他的提议，唐高宗有《简择史官诏》，指出：“修撰国史，义在典实。自非操履贞白、业量该通，谠正有闻，方堪此任。”[②]对史官的德行、学识提出了明确的要求。后来有“史德”的说法，其实这里讲的“操履贞白”“谠正有闻”就包含了对“史德”的要求。这些认识，在政治上和史学上都产生了积极的影响，对推动史学理论的发展也有一定的意义。

这个时期，史学家在史学理论上提出的问题：一是关于史书体例的认识。杜预的《春秋左氏传序》，对史书体例思想的发展有重要的作用。二是关于历史评论的认识。范晔提出了“精意深旨”“笔势纵放”的要求，并认为史论可以起到“正一代得失”的作用。三是批评意识进一步加强，提出了一些史学批评原则。《文心雕龙·史传》提出了“详实”“准当”“激抗难征”“疏阔寡要”“文质辨洽”“审正得序”“约举为能”等等，有肯定的，也有否定的。唐太宗《修晋书诏》批评诸家晋史“才非良史，事亏实录”，或“烦而寡要”，或“滋味同于画饼”，或“其文既野，其事罕有”等。颜师古《汉书叙例》对“近代注史，竞为该博，多引杂说，攻

① 董诰等编：《全唐文》卷一七〇。

② 宋敏求等编：《唐大诏令集》卷八一。

击本文”等弊端，也多有批评，主张注史“翼赞旧书，一遵轨辙，闭绝歧路”的原则。

这时期，反映在史学方法上主要有：一是比较的方法。如张辅、范晔之论马、班优劣。[①]二是连类列举的方法。袁宏《后汉纪序》说：“言行趣舍，各以类书。”这种方法扩大了编年体史书的容量，在历史编纂方法论上是有意义的。三是考异的方法。裴松之注《三国志》“务在周悉”，但并非盲目以“博”为目的。他注意到区别补阙、存异、惩妄、论辩等不同情况，较早提出了考异的方法论。[②]

以上这些史学理论、方法论的新进展，为系统的史学批评理论的提出准备了条件。刘知幾《史通》一书是我国古代史学中第一部以史学作为研究对象的、系统的理论著作。这部史学理论著作贯穿着强烈的批判精神，从这个意义上说，它应当被看作是一部史学批评著作。《史通》原为五十二篇，佚三篇，今存四十九篇，凡二十卷。前十卷为内篇，是全书的主要部分，着重阐述了有关史书的体裁、体例、史料采辑、表述要求和撰史原则，以及史学功用等，其中以评论纪传体史书的各种

① 参见房玄龄等：《晋书·张辅传》，中华书局1974年版；范晔：《后汉书·班彪列传》后论，中华书局1965年版。

② 参见裴松之《上〈三国志〉注表》，见陈寿《三国志》卷末。

体例居多。后十卷为外篇，论述史官制度，正史源流，杂评史家、史著得失，并略申作者对于历史的见解。刘知幾撰《史通》的旨趣，是“商榷史篇”“辨其指归”，又“多讥往哲，喜述前非”。[①]他在继承前人思想成果的基础上，提出了系统的史学批评的理论。其主要内容是：

第一，关于史书内容的范围。《书事》篇引用荀悦“立典有五志”的论点，即达道义、彰法式、通古今、著功勋、表贤能为史书内容的范围。又引用干宝对于“五志”的阐释，即体国经野之言、用兵征伐之权、忠臣烈士孝子贞妇之节、文诰专对之辞、才力技艺殊异等。刘知幾认为：“采二家之所议，征五志之所取，盖记言之所网罗，书事之所总括，粗得于兹矣。”同时，他又认为，要使书事没有“遗恨”，还必须增加“三科”，即叙沿革、明罪恶、旌怪异。“五志”加上“三科”，“则史氏所载，庶几无缺”。这里所说的史书内容范围的问题，实质上已触及史家主观意识如何更全面地反映客观历史的问题了。

第二，关于撰史原则。《采撰》篇一方面主张要慎于“史文有阙”的问题，一方面也强调“征求异说，采摭群言，然后能成一家”。刘知幾肯定魏晋南北朝以来史籍繁富，皆“寸有

① 见《史通》原序及《自叙》篇。

所长，实广见闻”，但也产生了“苟出异端，虚益新事”的弊病。他告诫人们：“作者恶道听途说之违理，街谈巷议之损实”；“异辞疑事，学者宜善思之”。《杂述》篇还说：“学者博闻，盖在择之而已。”慎于采撰，根本的问题是要辨别什么是历史事实，这是刘知幾论撰史原则的核心。

第三，关于史书的体裁、体例。《史通》以精辟地论述史书体裁、体例而享有盛誉。《序例》篇说：“夫史之有例，犹国之有法。国无法，则上下靡定；史无例，则是非莫准。”这是指出史书体例本是史家反映历史见解的一种形式。刘知幾推崇《春秋》、《左传》，范晔《后汉书》，萧子显《南齐书》的体例思想；而他的新贡献是提出了“诸史之作，不恒厥体”的理论，并通过《六家》《二体》《杂述》等篇，对史书体裁做了总体上的把握，诠述了纪传体史书的各种体例。

第四，关于史书的文字表述。《叙事》篇较早地从审美意识提出了这个问题，“夫史之称美者，以叙事为先”。他认为“简要”是“美”与“工”的基本要求，主张“用晦”，认为：“夫能略小存大，举重明轻，一言而巨细咸该，片语而洪纤靡漏，此皆用晦之道也。”他还提出史书文字表述应采用“当时口语”，“从实而书”，以不失“天然”。同时，他也反对“虚加练饰，轻事雕彩”“体兼赋颂，词类俳优”的文风，反对“文非文，史非史”的文字表述。

第五，关于史家作史态度。《直书》《曲笔》两篇提出了“直书”“曲笔”两个范畴，并做了理论上的说明，认为这是“君子之德”和“小人之道”在史学上的反映。从刘知幾所揭示出来的“直书”与“曲笔”对立的种种情况，说明它们的出现不仅有撰史者个人德行上的迥异，也有社会的原因，如皇朝的更替、政权的对峙、等级的界限、民族的隔阂等。刘知幾认为，直书才有“实录”，曲笔导致“诬书”，它们的对立从根本上决定了史书的价值和命运。

第六，关于史学的功用。《史通》讲史学功用的地方很多，如《直书》《曲笔》《自叙》《史官建置》等。《辨职》篇尤为集中，提出了史学功用的三种情况：“史之为务，厥途有三焉。何则？彰善贬恶，不避强御，若晋之董狐、齐之南史，此其上也。编次勒成，郁为不朽，若鲁之丘明、汉之子长，此其次也。高才博学，名重一时，若周之史佚、楚之倚相，此其下也。苟三者并阙，复何为者哉！”刘知幾对于这三种情况的划分，明确地显示出他的史学价值观。

以上这几个方面，是从史学工作的内在逻辑联系分析了《史通》一书所提出来的史学批评理论体系；尽管《史通》本身不是按照这个体系来编次的，但这个体系却包含在全书当中。它标志着古代史学理论的形成，也是古代史学发展的新阶段。同这个理论体系相表里的，是刘知幾的“史家三长”说。他提出了史才、史学、史识即“史家三长”这三个范畴，阐释了它们各自的内涵和相互间的关系[①]，是史学家自我意识的新发展，精神境界的新的升华。从整体来看，刘知幾在史学理论发展上所达到的高度，的确是前无古人的，《史通》写成于唐中宗景龙四年（710年），这在世界史学史上，大概也是无与伦比的。

这个时期在史学理论发展上还值得提到的，主要有皇甫湜和柳宗元。皇甫湜的《编年纪传论》一文，是对东晋以来编年、纪传孰优孰劣数百年之争的总结。他指出：“编年，纪传，系于时之所宜、才之所长者耳，何常之有？故是非与众人同辨，善恶得圣人之中，不虚美，不隐恶，则为纪、为传、为编年，是皆良史矣。”[②]这反映了古代史家在理论上对史书体裁认识的成熟。柳宗元的《非国语》和《与韩愈论史官书》，也都是史学理论方面的重要文献。《非国语》六十七篇，是一部史学批评专书。它主要从历史观点上，批评了《国语》在天人关系、历史进程中的因果关系、历史评价标准，以

① 详见刘昫等：《旧唐书》卷一〇二《刘子玄传》。
② 见李昉等编：《文苑英华》卷七四二，中华书局1966年版。

及史家书法等问题上的错误。[①]在这以前，对一部史书从历史观点上做这样严峻的批评，还没有先例。这反映了史学批评的发展。《与韩愈论史官书》指出了史家应具有坚定的信念和崇高的责任感，这就是“道苟直，虽死不可回也”和“孜孜不敢怠”的精神。[②]这是继《隋书·经籍志》史部总序、朱敬则《请择史官表》、唐高宗《简择史官诏》、刘知幾史家“三长”说关于史家的评论之后，又一个重要的补充，反映了对于史学主体认识上的新进展。

三　中国古代史学理论的发展：史学批评的繁荣和理论形式的丰富

五代、辽、宋、西夏、金、元时期，尤其是两宋时期，中国古代史学有了更大的发展。通史、民族史、当代史、历史文献学等方面，在这时期都取得了许多新成果。史学批评在相当广泛的范围里进一步展开，史学理论在不少问题的认识上更加深入，在表现形式上亦更加丰富了。这几个方面表明，中国古代史学理论进入了它的发展阶段。

① 见柳宗元：《柳河东集》卷四四、四五。

② 柳宗元：《柳河东集》卷三一。

没有批评就没有发展。史学理论的发展，在很大程度上是通过史学批评来实现的。这个时期的史学批评范围扩大了，不少问题的讨论更加深入了。北宋，如《册府元龟·国史部》诸序、吴缜、曾巩；南宋，如郑樵、朱熹、洪迈、叶适、陈振孙、晁公武；元初，如马端临等，在史学批评方面都各有成就。

北宋官书《册府元龟·国史部》在编纂思想上有很明确的批评意识，其公正、采撰、论议、记注、疏谬、不实、非才等门的序，以及国史部总序，在史学批评的理论上都提出了一些新问题。《论议》门序说："至于考正先民之异同，论次时之类例，断以年纪，裁以体范，深述惩劝之本，极谈书法之事，或列于封疏，或形于奏记。"这是对前人"论议"的问题做了归纳，也反映出作者在史学理论方面所做的思考。其以《公正》《恩奖》等门称赞史学上"执简之余芳，书法之遗懿者"与"鸿硕之志，良直之士"；而以《疏谬》《不实》《非才》诸门批评史家撰述上的种种弊端。《册府元龟·国史部》立《疏谬》门，并增立《不实》《非才》两门，使三者有所区别，是对《史通·纰缪》的继承和发展，在理论上是有价值的。吴缜撰《新唐书纠谬》《五代史纂误》，都是专就一部史书的"谬""误"进行评论。如《新唐书纠谬》按其所摭举之谬误，取其同类，加以整比，厘为二十门，即以无为有，似实而虚，书事失实，自相违舛，年月时世差互，官爵姓名谬误，世系乡里无法，尊敬君亲不严，纪志表传不相符合，载述脱误，事状丛复，宜削而反存，当书而反阙，义例不明，先后失序，编次未当，与夺不常，事有可疑，字书非是。它能列举出这么多的批评项目来，虽然未必都很中肯，但人们还是可以从中得到不少启发的。作者指出《新唐书》致误的八条原因，也具有这样的性质。在史学批评理论方面，吴缜提出了两个问题。第一，什么是“信史”？他给“信史”做了这样的理论概括：“必也编次、事实、详略、取舍、褒贬、文采，莫不适当，稽诸前人而不谬，传之后世而无疑，粲然如日星之明，符节之合，使后学观之而莫敢轻议，然后可以号信史。反是，则篇帙愈多，而讥谯愈众，奈天下后世何！”给“信史”做这样的规范、下这样的定义，在史学上以前还没有过。第二，史学批评的标准是什么？他说：“夫为史之要有三：一曰事实，二曰褒贬，三曰文采。有是事而如是书，斯谓事实；因事实而寓惩劝，斯谓褒贬；事实、褒贬既得矣，必资文采以行之，夫然后成史。至于事得其实矣，而褒贬、文采则阙焉，虽能成书，犹不失为史意。若乃事实未明，而徒以褒贬、文采为事，则是既不成书，而又失为史之意矣。”[①]把事实、褒贬、文采尤其是事实作为史学批评标准，在以前也是不曾有过的。《新唐书纠谬》在史学批评的理论和方法上，都有不可忽视的价值。曾巩撰有《南齐书目录序》《梁书目录序》《陈书目录序》等文，反映出他的史学批评思想。曾巩指出：历史上的经验教训要能“传于久”，为后人“法戒”，“则必得其所托”，“此史之所以作也”。这实际上是讲到了历史的鉴戒作用是通过历史撰述作为中介来实现的，其中包含了把客观历史和历史撰述加以区别开来的思想。曾巩还对“良史”提出了明确的标准：“尝试论之，古之所谓良史者，其明必足以周万事之理，其道必足以适天下之用，其智必足以通难知之意，其文必足以发难显之情，然后其任可得而称也。”[②]这里提出了“明”“道”“智”“文”四个概念，同刘知幾提出的才、学、识相参照，前者更强调了“适天下之用”，这一个变化是值得注意的。

郑樵的“会通”之论、叶适的“史法”之议、朱熹的读史之论，在史学批评上都占有重要的位置。郑樵的《通志·总序》是一篇阐释“会通之义”的宏文。他认为，

① 吴缜：《新唐书纠谬》序。

② 以上均见曾巩：《曾巩集》卷十一，中华书局1984年版。

孔子和司马迁是两位最深谙“会通之义”的史家。孔子“总《诗》《书》《礼》《乐》会于一手，然后能同天下之文；贯二帝、三王通为一家，然后能极古今之变”。司马迁“上稽仲尼之意，会《诗》《书》《左传》《国语》《世本》《战国策》《楚汉春秋》之言，通黄帝、尧、舜至于秦、汉之世，勒成一书”，“使百代而下，史官不能易其法，学者不能舍其书。六经之后，惟有此作”。郑樵说的“同天下之文”，是从空间上同时也是从文献上着眼的；他说的“极古今之变”，是从时间上亦即历史进程上着眼的。郑樵所谓“会通之义”的含义，从对司马迁的称赞和对班固的批评中，可以归结为重古今之相因、极古今之变化这两句话。他在这方面的理论阐释是有理论价值的，而他对班固“断代为史”的批评，则未免失之过当。叶适有不少关于“史法”的议论，并对自《春秋》以下至《五代史》均有评论。叶适认为，《春秋》以前已有“史法”，但“史有书法而未至乎道，书法有是非而不尽乎义，故孔子修而正之，所以示法戒，垂统纪，存旧章，录世变也”。[①]叶适论“史法”，有一个中心，即反复批评司马迁破坏了“古之史法”，而这些批评大多是不可取的。他的“史法”论，在史学批评史上。只能是是非得失两存之。朱熹有许

① 叶适：《习学记言序目》卷九、十、十一，中华书局1977年版。

多史学批评方面的言论，其中不乏精辟论断。他评论史家才、识，说：“司马迁才高，识亦高，但粗率。”他评论史书之通俗、可读，说：“温公之言如桑麻谷粟。且如《稽古录》，极好看，常思量教太子诸王。……人家子弟若是先看得此，便是一部古今在肚里了。”他评论史家的史论，说：“《唐鉴》意正有疏处。孙之翰《唐论》精练，说利害如身处亲历之，但理不及《唐鉴》耳。”他论史家经世致用思想，说：“杜佑可谓有意于世务者。”朱熹论读史有一个很重要的见解，就是：“读史当观大伦理、大机会、大治乱得失。”[①]这实际上是提出了一条重要的史学批评标准，即以此可以审察历史撰述是否真正把握了有关时代的“大伦理、大机会、大治乱得失”。历史的内容纷繁复杂，并非所有的事件、人物都可以写入史书。史家究竟应当着重写什么？朱熹提出的见解是有启发的。南宋时期，还有不少史家在史学批评上也都有所建树，不一一列举。

元初马端临撰《文献通考》，在史学理论上颇提出一些新问题。他认为《资治通鉴》“详于理乱兴衰，而略于典章经制”，这是因为“著述自有体要，其势不能以两得也”。关

① 以上见黎靖德编：《朱子语类》卷一三四、一三六、一一，中华书局1986年版。

于典章经制的著作，他称赞杜佑《通典》“纲领宏大，考订该洽，固无以议为也”。马端临同郑樵一样，也是力主“会通”思想的。他在郑樵的基础上又提出了一个新的认识，就是：“理乱兴衰，不相因者也”；“典章经制，实相因者也”。[①]这是说：历代治乱兴衰，在具体史事上不一定相承相因；而历代典章制度，却是相承相因的。换言之，治乱兴衰有种种景象，不以连续性为其特点；典章制度虽有损益，而发展的连续性则是其特点。他把对于史事的记载同对于制度的记载做区别，在理论上还是第一次。

以上这些，都在不同的方面反映出古代史学理论处于新的发展阶段。

四　中国古代史学理论的终结：批判、总结、嬗变

中国古代史学发展到明清时期，有两个极明显的特点，一是越来越具有更广泛的社会性，二是出现了批判、总结的趋势，同时也萌生着嬗变的迹象。大致说来，史学理论的发展，也不能脱离这两个特点，而在后一个特点上表现得更突出一些。因此，这可以看作是中国古代史学理论的终结阶段，其特

① 均见马端临：《文献通考》序，中华书局1984年版。

征便是批判、总结和嬗变。明后期的王世贞、王圻、李贽，明清之际的顾炎武、黄宗羲、王夫之，清前期的王鸣盛，赵翼、钱大昕、崔述、章学诚、阮元、龚自珍等，在史学理论、方法论方面，都各有不同的成就和贡献。

在史学的批判总结方面，王世贞对国史、野史、家史的总体性评论，具有方法论的意义。他曾著《史乘考误》一百卷。在卷首小引中，他指出了国史、野史、家乘的种种弊端，然后写道："虽然国史人恣而善蔽真，其叙章典、述文献、不可废也；野史人臆而善失真，其征是非，削讳忌，不可废也；家史人谀而善溢真，其赞宗阀、表官绩，不可废也。"他对国史、野史、家史的这种估价，不同于一些史家所持的片面性看法，而带有辩证的因素。同时，他的这个见解，是建立在对于许多文献、史料辨析的基础上提出来的，故尤其具有方法论的价值。李贽在史学理论上的批判精神，比王世贞要突出得多。其主要之点，是针对以往的社会历史观提出来的，而核心又在于历史评价的是非标准。李贽认为："人之是非，初无定质；人之是非人也，亦无定论。无定质，则此是彼非并育而不相害；无定论，则是此非彼亦并行而不相悖矣。"这是肯定了人们认识事物的"是"与"非"是可以同时存在的，甚至可以"并育"以促进认识的发展。他进而指出：汉、唐、宋三代，"中间千百余年而独无是非者，岂其人无是非哉？成以孔子之是非为是非，故未尝有是非耳”。[1]这是明确地提出，在历史评价上应当改变“成以孔子之是非为是非”的传统价值观念。李贽的这一认识，包含有相对主义的因素，但在当时对于突破传统历史思想的束缚方面，是有积极意义的。这反映出史家在史识的理解上已开始提出了新的认识。王圻有丰富的历史撰述，《续文献通考》是他的代表作。《续文献通考》在史学理论上有两点是极为突出的，一是重视历史撰述上的批判继承，二是重视史学的经世致用。他对马端临《文献通考》的批判继承表现在：第一，是要改变“详于文而献则略”的情况；第二，是增加辽、金典制；第三，是增设若干新的门类。从《通典》、《通志·略》、《文献通考》到《续文献通考》，古代史家尊重前人成果又不囿于前人陈说的学风和思想，表现得十分明显。对前人著述和思想批判继承的理论，无疑是古代史学理论的一部分。

顾炎武、黄宗羲、王夫之是大思想家，也是史学的大师。他们在史学理论上有一个共同的特点，即十分强调史学的经世致用，从而把唐宋以来逐渐明确起来的经世致用的史学思想发展到新的阶段。顾炎武认为，重视史学，若干年间，“可

① 均见李贽：《藏书·世纪列传总目前论》，中华书局1974年版。

得通达政体之士，未必无益于国家”。[1]黄宗羲在为万斯同所撰《历代史表》写的序言中说：“二十一史所载，凡经世之业，亦无不备矣。”这反映了他对史学社会作用的认识。他和顾炎武一样，深感史学对于人才培养的至关重要。他说：“自科举之学盛，而史学遂废。昔蔡京、蔡卞当国，欲绝灭史学，即《资治通鉴》板亦议毁之，然而不能。今未尝有史学之禁，而读史者顾无其人，由是而叹人才之日下也。”王夫之《读通鉴论》叙论四之二，对“资”“治”“通”“鉴”做了深刻的阐述，通篇是论述了优秀的历史著作何以对政治、社会、人生有极大的关系。他认为，读史，既置身于现实之中，又要设想置身于历史环境之中，做认真的思考、比较，就会认识到历史的借鉴作用。他说：“设身于古之时势，为己之所躬逢；研虑于古之谋为，为己之所身任。取古人宗社之安危，代为之忧患，而己之去危以即安者在矣；取古昔民情之利病，代为之斟酌，而今之兴利以除害者在矣。得可资，失亦可资也；同可资，异亦可资也。故治之所资，惟在一心，而史特其鉴也。”这一段话，把历史和现实，古人和今人，成功和失败，经验和教训、相同和相异，这几层关系都讲到了，而且洋溢着辩证的思想。顾炎武、黄宗羲、王夫之三人的经世致用史学思想，把

① 顾炎武：《日知录》卷一六“史学”条。

中国古代史学经世致用的优良传统推到了那个时代的最高峰。

王鸣盛、赵翼、钱大昕、崔述、阮元等，是清代前期在历史文献学的理论和方法论上都各有建树的几位名家，他们在史学理论上的一个共同的重要论点，就是认为由于种种不同的原因，前人的历史撰述以及其他一些历史文献，有不少是可以商榷、考异或考信的；只有经过严格的考证和辨析，人们才可能更清楚地认识到历史的真实。其核心在于求实、求信。钱大昕说："史非一家之书，实千载之书，祛其疑，乃能坚其信；指其瑕，益以见其美。"[①]王鸣盛认为："大抵史家所记典制，有得有失，读史者不必横生意见，驰骋议论，以明法戒也，但当考其典制之实，俾数千百年建置沿革，了如指掌，而或宜法，或宜戒，待人之自择焉可矣。其事迹则有美有恶，读史者亦不必强立文法，擅加与夺，以为褒贬也但当考其事迹之实，俾年经事纬，部居州次，记载之异同，见闻之离合，一一条析无疑，而若者可褒，若者可贬，听之天下之公论焉可矣。"[②]一是"考其典制之实"，二是"考其事迹之实"，这是求实的两个方面。跟王鸣盛、赵翼、钱大昕有所不同的是，崔述是从社会历史的变迁和学风的变化发现了历代经师所说古

① 钱大昕：《廿二史考异》序，商务印书馆1958年版。

② 王鸣盛：《十七史商榷》序，中华书局1984年版。

史的可疑之处，即他说的“二帝、三王、孔门之事于是大失其实”①，从而提出了古史考信的理论和方法。阮元是古代最后一位历史文献学大师，他“论学宗旨在实事求是，自经史、小学、历算、舆地、金石、辞章，巨细无所不包，尤以发明大义为主”。他的不少著作，“推阐古圣贤训世之意，务在切于日用，使人人可以身体力行”②，他们在考证、校勘、汇刻历史文献的方法上，各具特色。王鸣盛是搜罗正史以外群书，“尽取以供佐证，参伍错综，比物连类，以互相检照，所谓考其典制、事迹之实也”，他不主张“以议论求法戒”“以褒贬为与夺”。赵翼则认为：“盖一代修史时，此等记载无不搜入史局，其所弃而不取者，必有难以征信之处，今或反据以驳正史之讹，不免贻讥有识。”③所以他的考证工作，主要是就正史纪、传、表、志中“参互勘校”，同时，他对于“古今风会之递变，政事之屡更，有关于治乱兴衰之故者，亦随所见附著之”。王、赵在考证的方法论上，各有长短，而历史见识上则赵胜于王。钱大昕在方法论上更有一种近于历史主义的认识，

① 崔述：《考信录提要》卷上，见《崔东壁遗书》，上海古籍出版社1985年版。

② 徐世昌：《清儒学案》卷一二一《仪征学案》上，中国书店1959年版。

③ 赵翼：《廿二史札记》小引，商务印书馆1958年版。

他反对“空疏措大，辄以褒贬自任，强作聪明，妄生瘢痏，不卟年代，不揆时势，强人以所难行，责人以所难受，陈义甚高，居心过刻”的治学态度，而持“唯有实事求是，护惜古人之苦心，可与海内共白”[①]的治学态度。钱大昕作为考史学派的最主要的代表人物，跟他的这种治学态度是密切相关的，崔述的方法是“取经传之文，类而辑之，比而察之，久之而后晓然知传记、注疏之失”。阮元整理、校勘、阐释历史文献的方法则是“汇汉、宋之全”即“持汉学、宋学之平”[②]，把考证和义理结合起来。而王、赵、钱、崔、阮在方法论上有一个共同的地方，即他们都强调“实事求是”。他们从历史文献学方面提出的理论和方法论，正是古代史学理论和方法论在这个领域里的批判性总结。

从理论上全面总结中国古代史学的史家，还是章学诚。他的成就主要在理论方面，所著《文史通义》《校雠通义》在史学理论上有重大建树，其中也有论及历史理论的名篇（如《文史通义》中的《原道》三篇），章学诚在史学理论方面的新贡献主要有以下几点：第一，在继承、发展前人认识的基础上，

① 钱大昕：《廿二史考异》序。

② 龚自珍：《定庵续集·阮尚书年谱第一序》；《拟国史儒林传序》跋语，见《研经室集》一集卷二。

提出了“六经皆史”的论点，这是继《隋书·经籍志》确立史学从经学中分离出来的经史分途格局之后，进而以史学来说明经书的新认识，这就进一步扩大和丰富了史学的内涵。第二，提出了“史法”和“史意”的区别，而重于“史意”的探索。他说：“吾于史学，盖有天授，自信发凡起例，多为后世开山，而人乃拟吾于刘知幾。不知刘言史法，吾言史意，刘议馆局纂修，吾议一家著述，截然两途，不相入也。”[①]简要地说，“史法”是探讨历史撰述的形式和内容，“史意”是探讨历史撰述中的思想。刘、章的联系和区别，继承和发展，即在于此。第三，提出了“撰述”与“记注”的区别，以“圆神”“方智”为史学的两大宗门。他说：“记注欲往事之不忘，撰述欲来者之兴起，故记注藏往似智，而撰述知来拟神也。”[②]“记注”与“撰述”，亦可从“史法”与“史意”中得到说明。第四，提出了历史编撰上“神奇”与“臭腐”互相转化、发展的辩证法则。他认为：“事屡变而复初，文饰穷而反质，天下自然之理也。”他从“《尚书》圆而神”一直讲到袁枢《通鉴纪事本末》的出现，并说：“神奇化臭腐而臭

① 章学诚：《文史通义·家书二》，中华书局1956年版。
② 章学诚：《文史通义·书教下》《文史通义·与邵二云论修宋史书》。

腐复化为神奇，本一理耳。”[①]第五，总结了通史撰述的品类及其所具有的六便、二长、三弊，建立了古代通史学理论。[②]第六，提出了“史德—心术”论，发展了刘知幾的“史家三长”说，把关于史家自身修养的理论提高到一个新的阶段。[③]第七，提出了“临文心敬”“论古必恕”的文史批评的方法论原则。他说：“不知古人之世，不可妄论古人文辞也；知其世矣，不知古人之身处，亦不可以遽论其文也。”[④]这是关于知人论世的精辟见解。第八，总结了关于历史文学的理论，提出了“闳中肆外，言以声其心之所得”“传人者文如其人，述事者文如其事”[⑤]等文字表述的原则。第九，提倡“别识心裁”“独断之学”的继承、创新精神，强调在认识前人“著述之源，而知作者之旨”的基础上进行新的创造，此谓之“心裁别识，家学俱存”。[⑥]

章学诚的《校雠通义》是一部系统的历史文献学的理论著作，其中《原道》篇结合社会发展总结了历史文献发展的规

① 参见章学诚：《文史通义·书教下》。

② 章学诚：《文史通义·释通》。

③ 参见章学诚：《文史通义·史德》《文史通义·质性》《文史通义·言公》。

④ 章学诚：《文史通义·文德》。

⑤ 参见章学诚：《文史通义·文理》《文史通义·古文十弊》。

⑥ 参见章学诚：《文史通义·中郑》《文史通义·答客问》。

律，《宗刘》以下诸篇从理论和历史两个方面总结了古代历史文献学的成就。

龚自珍所处的时代，中国社会正处于历史大变动的前夜，随着这个历史大变动的到来，史学和史学理论的发展都逐渐开始发生新的变化。

（原载《历史研究》1992年第2期）

五讲　历史撰述的叙事与议论

历史学的发展在现实社会中是非常重要的。尽管社会上有些人对历史学不很理解，但这并不影响我们对历史学的执着追求。为什么这样说呢？因为历史学对我们个人的修养，对我们个人将来的事业，对社会前途的认识都是不可缺少的。不管人们怎么评价它，都不影响它的实际价值。我们相信，随着社会的进步，越来越多的人会认识到它的重要性。

历史撰述主要指我们写论文，写著作，当然，是关于历史的论文和著作。这个问题很重要，为什么呢？哲学社会科学工作者为社会服务的表现形式，或者说反映自己价值的一个手段，就是撰述。文科出身的人拿什么来为社会服务呢？或许有很多形式，而基本的形式之一是撰述。写历史方面的文章，写历史方面的著作，都可以叫历史撰述。而历史撰述中有两个因素比较重要，这就是叙事和议论。

一　从“才、学、识”谈起

先说第一个问题，即历史撰述的基本要求。什么是它的基本要求？我想从“才、学、识”谈起。“才、学、识”是唐朝历史学家刘知幾提出的，他说才、学、识是一个优秀的历史学家必须具备的。才、学、识，“才”指能力；“学”指学问，是知识的积累；“识”是见解。有人问刘知幾为什么历史上文学之士很多，杰出的历史学家却不多？刘知幾说一个优秀的史学家要具备“才、学、识”三个长处，能具备这三个长处的人很少，所以优秀的史学家很少。[①]他的话成为千古名言，一直到今天还有影响。正因为如此，我们可以这样讲，从事历史撰述，要从“才、学、识”三个方面进行修养。

这里，可以把才、学、识的顺序颠倒一下：首先是“学”，是学问，一定要多读书，形成自己的“资料库”。其次还要有见识，仅有知识不行，还要有见解。我们发现生活中有一些人非常用功，读了几十年书，甚至记得许多资料，但写不出著作，原因之一，就是因为没有见识，提不出问题，因此写不出东西。写东西必须要先发现问题，发现不了问题当

① 参见刘昫等：《旧唐书》卷一〇二《刘子玄传》。

然写不出东西来。我们常说有创见，就是创造性的见解。有了这种见解，把你的知识调动起来，你就能写出东西来，所以“识”是重要的。这个“识”，按我个人理解，应该产生于我们思考当中的问题。第三是“才”，就是能力，有了知识，有了见解，就要有一定的能力把它表现出来。这个能力是什么呢？是组织材料的能力，是驾驭材料的能力，是文字表述的能力，等等，这叫“才”。总之，我们讲历史撰述要从“才、学、识”讲起。

怎样用今天的语言来解释“才、学、识”呢？我想应该像老一辈史学家翦伯赞所说的那样，就是理论、材料和文章。今天如何继承和发扬这个优良传统？摆在我们面前的任务是：

第一我们要有一定的理论作为我们研究问题的指导。有一种观点认为，研究历史依靠材料就行了，可以不要理论。这种看法看似合理，其实是不能成立的。为什么？因为任何一个研究历史的人都有他的主观见解，也就是说他有意识地、无意识地都在运用一种理论去研究问题，只是自觉的程度不同罢了。如果我们在理论上有比较高的自觉性，同时我们所追寻的理论是一个科学的体系的话，那么我们掌握的理论程度就比较高，我们的理论体系就可能比较正确，所以一个人的理论自觉、理论修养非常重要。

当今人们不太强调理论，其实这是不对的。一般来说任何人都脱离不了理论，只是自觉的程度有差异，理论体系的倾向性不同罢了。我这里说的理论主要是指唯物史观理论体系，青年朋友接触这方面的东西比较少，有时候一听说唯物史观，就认为那不是教条主义吗？很容易把它与教条主义等同起来。前不久我到上海参加一个历史学的国际研讨会，有一个西方学者提出一个问题，我觉得很值得我们思考。他说马克思主义在西方曾被看作是解放人的一种思想武器，但在20世纪八九十年代，中国史学界讨论马克思主义太少了。他的意思很清楚，说20世纪八九十年代，我们谈马克思主义太少了。过去，在20世纪五六十年代，中国史学界在运用马克思主义唯物史观方面取得了很大的成就，也出现了严重的问题。但我们在总结经验教训、克服缺点甚至于纠正错误的时候，正确的东西还是要保留下来。我想这是我们现在和今后很长一个时期内要做的一个重要的工作。年轻的朋友们对这个问题或许不是很了解或不理解，我想时间长了会理解、会了解的。

第二要有材料作为基础。材料，就是历史资料，就是刘知幾说的“学”。我们现在读历史，研究历史，除了理论以外，最重要的就是材料。有一个现象在许多地方都存在：“文革”以前，在大学讲历史、读历史都有参考资料。据我了解，“文革”后，这些参考资料很少用了。《中国通史参考资料》，古代部分有八本，近代部分有两本，共十本。世界历史也有参考资料。这些资料只是中国历史和世界历史资料中很少的部分，但这些资料也很少用了。我问过中华书局：“你们这个《中国通史参考资料》还印吗？”他们说不印了。不印了，说明现在大学历史系不用它了。大家想一想，我们读历史如果没有丰富的资料，怎么研读历史？历史过去了，谁也看不见，我们怎么认识它？我们只有通过历史资料，通过历史书去认识它，研究它。离开了历史资料无从谈起。因此，掌握材料非常重要。

第三是见解，这是人们对于历史进行思考和判断、分析的能力。历史上给我们提供什么样的经验教训，在今天仍然有现实的意义，仍然有现实的参考价值，这是我们历史专业一个最突出的特点。我们能够从丰富的历史经验中得到启示来为现实服务。譬如，我们研究淮河，研究历史上的淮河是怎样开发的？它曾经是怎样繁荣的？后来因为什么原因它受到了损害？淮河的灾害是怎样形成的？历史上人们怎样治理淮河？治理淮河的经验教训是什么？这些经验教训对我们有什么启发？等。我们在这方面有充分的发言权，那就是说我们不仅了解历史，还善于把历史的经验教训和现实的历史运动结合起来，发挥积极的作用，造福现实社会。

大家知道历史上的商鞅变法。商鞅变法前有一场辩论，商鞅用他卓越的历史见解说服了秦孝公，秦孝公采纳了他的意见，毅然实行变法，使落后的秦国不断强大起来，终于战胜了东方六国，建立了中国第一个中央集权的统一的多民族国家。读一读《商君书》，就可以看到商鞅是怎样运用历史见解和反对变法的人进行辩论的。我们说历史学的价值，历史见解的价值，在这个地方怎么估量呢？应该说不好估量，无法估量。因为商鞅变法在秦国取得了成功，最终导致秦始皇统一了中国，完成了统一大业。这在我们中国历史上是永垂不朽的事业。要是问，商鞅变法值多少钱？无法估量。这就是历史见解转化为现实的推动历史前进的动力。因此，我们锤炼自己在理论上、在材料上、在见解上的修养一定要下功夫，要思考，从我们身边接触到的问题开始思考，然后逐渐扩大范围，乃至于思考全国现实生活中所提出来的问题，这对我们历史研究、历史撰述非常重要。

以上我们从才、学、识谈起，谈到理论，谈到材料，谈到见识，现在我们回到主题上来，讲叙事和议论。

什么是叙事？直白的说法就是叙述事情的过程，讲清楚事情的原因和结果。其实，不那么简单。叙事，它是“才”和“学”的结合。什么是议论？议论是见识，是见解和学风的结合，也是见解和道德修养的结合，或者说是见识和社会责任感的结合。因为史学家发表议论，不是随便发表的，不仅仅是为了发表个人的某种看法，而是要考虑到有益于社会，这就是社会责任感。我们提倡“百家争鸣，百花齐放”，但是作为一个学者来讲，作为一个社会成员来讲，他应有一种社会责任感。学问不单单是个人的事情，学问是要用来为社会服务的，所以当人们发表一种议论的时候，要想它是要对社会负责任的。因此，我们可以说，议论是“见识”和“道德”的结合，或者说是见识和社会责任感的结合。假如这样一个说法可以成立的话，那么在历史撰述当中，叙事和议论就非常重要了。

二 “叙事”的要求

现在我们来讲历史撰述中的叙事问题。

怎样看待历史撰述中的叙事？我想强调这几点：第一，从历史学来讲，“善叙事”是“良史之才”的基本条件之一。所谓“良史”，就是优秀的、出色的史家。关于这一点，古人反复地强调。大家都知道《史记》这部书。东汉时，班彪、班固父子继承司马迁的事业，但他们在某些看法上与司马迁不同，尽管如此，他们还是高度评价了《史记》的成就，其中就特别强调了司马迁“善序事理，辨而不华，质而不俚”，“有良史之材”。[①]写《后汉书》的史学家范晔是南朝宋人，他高度赞扬了司马迁“有良史之才”，“文直而事核”；他也高度赞扬班固“有良史之才”，“文赡而事详”。[②]《三国志》的作者陈寿，当时的人们就称赞他“善叙事，有良史之才”。[③]大家都知道《史记》《汉书》《后汉书》《三国志》叫作“前四史”，是“二十四史”最前面的四部书。“前四史”的作者或者被人称为“良史之才”，或者称赞他前面的史家有“良史之才”，都以“善叙事”为基本条件，可见“叙事”是多么的重要。我们今天读《史记》，读得津津有味，一个重要原因，就是因为它的“善叙事”。总之，我们不能小看“善叙事”。在今天我们怎样把现代汉语写得准确，写得流畅，这是达到“善叙事”最起码的步骤。常感叹现在我们考硕士生、考博士生时，外语成为一个门槛，许多人不是在专业课上被卡住，而是被外语卡住。外语受到重视，这是毫无疑问，而我们的母语呢？错别字、不通顺的情况很多，但目前尚未引起高度重视。

毋庸置疑，作为一个科学工作者，作为一个研究工作者，

---

① 班固：《汉书》卷六二《司马迁传》后论。

② 范晔：《后汉书》卷四〇《班彪列传下》后论。

③ 房玄龄等：《晋书》卷八二《陈寿传》。

我们对“善叙事”要引起高度重视。因此，仅仅重视外语是不行的。当然，外语是必须要学好的。中国学术走向世界连公共使用的语言都不懂，你怎么走向世界？但你是一个中国人，一个中国学者，你的现代汉语表述，你的古代汉语修养，同样应当是很出色的，别人才能尊重你。

我碰到一个哈佛大学的教授，他的汉语说得非常好，我说：“你读过中国古文吗？”他说：“读过。”我又问：“读过哪些古文？”他说读过《论语》《孟子》等等。我再问，能说说《孟子见梁惠王》吗？他马上就背诵起《孟子见梁惠王》。他说他高中开始学习汉语，又说，现在谈论史学与文学的关系，人们去读一读司马迁的《史记》，问题全都解决了。《史记》有文学性，但却是历史书，你不能说《史记》有文学性，《史记》就是文学，他就是这个观点。同这位教授的交谈，也证明了我前面讲的那些想法是有些道理的。

“善叙事”非常重要，我想这位哈佛大学教授推崇司马迁的一个原因，就是因为司马迁“善叙事”。所以他觉得人们应该去读读《史记》。那么，在前人看来“善叙事”的主要标准是什么呢？我们还是引证班固评价司马迁的话，比较中肯，班固说他“善叙事”是“辨而不华，质而不俚”，质，朴实，平实；不俚，不野，是不粗俗。用今天的话说，是具有辩证的色彩，但并不张扬华丽。我们现在见到有些文章，很华丽地引进了一些西方的话语，让人看不懂。我们从电视上可以看到，有时两个人对话，动辄就说“没错”。什么叫“没错”呀？稍稍文一点说“是的”不是很好吗？“没错”就显得不雅，说“是的”，既不粗俗，又不失文雅。通俗而不失文雅不好吗？我们中华文明，语言文字这么丰富，要认真地继承，不应当走向庸俗，也不应当陷于媚俗。

我们再看《后汉书》的作者范晔，他在评论《史记》和《汉书》时认为“善叙事”的要求是什么？标准是什么？他说司马迁“文直而事核”，即司马迁的文章写得直率而事情写得准确。《史记》之所以成为千古名著，是和对事情的表述、对事情记载的准确有密切关系的。范晔评价班固怎么说呢？说是“文赡而事详”，文章丰满而事情翔实，这也是“善叙事”的优点。我们可以综合地看待前人所说的“善叙事”的标准，比如说“辨而不华，质而不俚”“文直而事核”“文赡而事详”，文字的底蕴很丰富而记载的事情很翔实，这都是属于“善叙事”。这三句话的意思并不一样，但都反映了前人对“善叙事”的标准的一种见解，我们应当从中得到启发。现在有一些论文采用大量的西方术语，不值得提倡。有一些世界通用的概念，我们应当吸收，不应排斥，但外国人写文章、著作，他有他的语境，他有他的国情，我们简单地拿到中国来用，一是别人不容易理解，二是耽误了自己的发展。

前人对于“善叙事”有过这些标准和理解，那么我们今天怎样看待“善叙事”的基本要求呢？“辨而不华，质而不俚”，我们可能领会它了，但是具体做起来好像摸不着边际，怎样去落实“善叙事”呢？这里我想还是应提到唐代史学家刘知幾，他对“善叙事”提出审美要求，认为“史之称美者，以叙事为先”[①]，即优秀的史书在于叙事。叙事之美有几个要求，第一是“尚简”，就是推崇简要，不要烦琐。刘知幾说“国史之美者，以叙事为工，而叙事之工者，以简要为主。”[②]现在人们写文章，有长文章，有短文章。读书札记是训练“尚简”的一个非常有效的好方法。当然，关于“尚简”也要辩证地看。顾炎武讲过，文章不在长短，在于见解。有见解，长文章也很好，但是不要写空话。[③]我们理解“尚简”就是不要写空洞无物的东西，而要写实实在在的东西，在这种情况下，你的文章长也好，短也好，都是需要的。但总的来说，应当“尚简”。第二是“用晦”。文章要写得含蓄，不要写得

① 刘知幾：《史通·叙事》。

② 刘知幾：《史通·叙事》。

③ 顾炎武：《日知录》卷一九“文章繁简”条。

太直白。20世纪80年代有的作家写小说，小说中的人物开口就骂人，粗话一大堆，哪有什么美感？虽曾风行一时，现在很少提到了，没有生命力。这从反面说明，文章要写得含蓄，不要太直白，这也是“叙事之美”的一个要求。第三要有时代感。刘知幾批评这样一种现象，有人写历史书不用当时的语言，而用古人的语言。他说这不好，什么时代的人写文章，写著作，要尽量用当代的语言。他说古今是有差别的，社会风气也有变化。[①]我引用刘知幾的这个观点，并不是说我们在现代汉语表述里，任何古代汉语都不能用。他指的是能够反映时代气息的词汇，比如写一个时代的历史，这个时代的童谣、谚语都可以写到历史书中来，因为它们反映了这个时代的面貌。刘知幾的这些话我们比较容易理解，人们做起来也比较容易。我说“容易”，也是相对而言。

从以上这些古代史学家关于“善叙事”问题的介绍和分析中，我们今天应当怎样看待历史撰述中“善叙事”的原则呢？用我们自己的话来说是什么要求呢？我是这样理解的：

首先，语言应当是准确的。一个哲学社会科学工作者，一个史学研究者，遣词造句应该力求准确，不能夸张。现在有一种现象，即容易夸大自己所研究的对象，轻易把它说成是超越

① 参见刘知幾：《史通·言语》。

前人的，这就不准确。另外，还常常表现在一些价值判断上，这就极大地影响了历史撰述的价值。可以这样说，准确是历史撰述的根本。

其次，叙述要平实。不要搞花哨的东西去吸引人，正如刘知幾所说，那“华而失实”的文字，是没有发展前景的。[①]如果一个人的文章被人评价为“平实”，应看作是很高的评价。“平实”后面再加上“精彩”，那当然更好了，但首先要“平实”。这是“善叙事”的非常重要的基本功，同学们在年轻时就要培养这种学风。现在有些媒体很不严肃，什么“浮出水面”啊、什么“添了一道亮丽的风景”啊、什么“打造精品”啊、什么“吸引”了人们的“眼球”啊，凡此种种，似乎很生动，很“经典”，其实很不准确，更谈不上精彩。我们不要受这些影响，我们要从优秀的历史著作中去继承精华的东西，提高我们的语言修养，把文章写得平实一些，再平实一些。

再次，行文要流畅，如行云流水。怎么才能做到流畅？多读范文，看看名家的文章为什么朗朗上口，然后反复地读自己写出来的东西，多读几遍，就可发现要修改的地方。同学们要培养这种自己不断修改自己的文章的习惯，我看现在不少年轻

① 参见刘知幾：《史通·言语》。

人缺少这种习惯。过去有人说文章是“改”出来的，这有一定道理。要发现自己文章的毛病，一个很好的办法就是读，读到不顺时就改，甚至还能发现自己的观点有问题，逻辑层次有问题，有的词句还要推敲，等等。

还有，要讲究体例。体例不统一就不能称为“善叙事”，这个问题包含很多内容，我今天就不多讲了。

三 “议论”的魅力

议论是人们的见识和社会责任感的结合。我们写文章、写著作，都要有宗旨，要有撰述的目的，用清代史家章学诚的话说要有“史意”。史意者，作史者撰述之宗旨也。我们写论文、写专著，都少不了议论。议论是反映作者见识的一个最直接的表现形式。例如，文章开头总要说明为什么要写这篇文章，文章结尾时总要说明所讨论的问题的重要性、有什么意义。文章中间，也会对某些事件和人物发表见解，发表评论，这也是议论。现在我所接触到的学生，写文章罗列材料，是常见的现象，但往往就是概括不起来，很少能发表自己的见解，也就是说议论比较差，缺少一种概括的能力。我们可以这样讲，没有这个能力，无从谈议论。简言之，不能概括，谈何议论？

怎样才能对研究对象、叙述对象做出概括呢？首先，对材料要有分类。以类相从，做出分类，例如就搜集到的材料有几种情况做出说明，这就开始议论了。其次，善于联想，由此及彼，由所引用的材料想到引用之外的材料，产生一种联想，有了联想就会发现异同，解说相异或相同的地方，这也是一种议论。再次，揭示本质，如同毛泽东说的“由表及里”[①]，通过材料所反映的现象揭示事物的本质，从深层次看这些材料说明什么问题，这样又可以做另一种形式的议论。诸如此类，都是议论，可见议论是对材料的分析、理解和提升。

优秀的历史著作之所以具有感人的魅力，是因为它们能够“再现历史”，当然是在一定意义上“再现历史”，它们使人能够如同身临其境，因此具有很大的魅力。比如《资治通鉴》记淝水之战，东晋军队打败了前秦军队，那时谢安正在跟人下棋，手下人来报告说：秦军败了。谢安故作镇定地说：啊，小儿辈退敌了。等到下棋的对手走了，谢安高兴得不得了，走路时鞋后跟都绊掉了。这多生动啊！就使人如见其人，如闻其声，身临其境。这就是叙事之所以有魅力的地方。

那么议论的魅力在哪里呢？议论同样有魅力。议论的魅力

① 毛泽东：《实践论》，《毛泽东选集》第二卷，第291页。

就在于通过一定的事实判断和价值判断给人一种理论的启示和理性的满足。人们的追求有形象的东西，也有理性的东西。如果说叙事能够具有魅力是因为它能够使人有身临其境的感觉，那议论的魅力就在于它能提升人们的理论思考，使人们得到一种理性追求上的满足。

中国史书的议论有多种形式，主要三种是我们应当研究、继承和发扬的。

第一种形式，是和叙事相结合的评论。例如《史记》或在一篇的最后有“太史公曰”，或在一篇的起首有序文。司马迁自称太史公，“太史公曰”就是司马迁发表议论了。后来人们学习太史公，一般称为“史臣曰”，司马光有“臣光曰”等等。史官、史家发表议论，这在中国史书上非常多，也给我们很大的启发。如果多读读这种史论，就能够促进我们的理论修养，丰富我们发表议论的内涵，提高我们的判断能力。

第二种形式，是评论的专文。这是指一篇文章全部讲评论，我们把它叫史论的专篇或专文。这在中国史学上有很多，我没有仔细统计过，我想有名的史论专文应有几百篇吧，其中最有名的如贾谊的《过秦论》、柳宗元的《封建论》、欧阳修的《正统论》、顾炎武的《郡县论》等等，都是人们所熟悉的。一篇文字全部都是评论历史，给人的启发也就更加全面、深刻。《过秦论》两千多年了，现在我们读起来仍然受到启发。秦朝怎么强盛起来的？秦朝为什么二世而亡？原因在哪里？《过秦论》，“过”就是批评，“过秦”就是批评秦朝，贾谊说了许多非常精彩的话，大家要有兴趣，可以找找《过秦论》，读了之后也一定会感到气势磅礴，非常感染人。在贾谊看来，秦朝的灭亡归结到一点，就是在“取”和“守”之间不能够区别对待。[①]“取”是夺取天下，要用一种战略思想，就是针锋相对和东方六国做斗争。秦朝要守住天下，要治理天下，就不能用“取”的战略，而应采用“守”的方针。怎么“守”呢？顺应民意，而秦朝恰恰不能顺应民意，搞严刑峻法，繁重劳役，所以秦朝二世而亡。多读这样的史论，确能使人增添睿智。

第三种形式，是评论的专书。王夫之的《读通鉴论》，是中国古代历史评论的最高成就，他的历史哲学，他的君主论，他的得失兴亡论，统统包含在里面。当然，中国的史论专书并不仅仅限于王夫之的著作，往前看，东汉桓谭的《盐铁论》，过去被认为是用对话辩论的形式写成的文学著作。这书的内容是讨论汉武帝时的盐铁政策，辩论双方都涉及历史评论问题，从这个意义上说，《盐铁论》也是一部历史评论著作。南北朝

① 参见司马迁：《史记》卷六《秦始皇本纪》。

时，有一位学者叫刘劭，写了《人物志》一书，讨论评论历史人物的理论和方法：怎么看一个人？怎么评价一个人？唐初，虞世南著的《帝王略论》，可以说是目前所见中国较早的“君主论”。16世纪，意大利马基雅维里写了《君主论》，是世界名著，但7世纪时中国的《帝王略论》却没有被前人给以足够的重视。《帝王略论》讨论了唐以前的历代君主的功过是非，而且广泛采用比较的方法，如不同朝代的君主相比，同一朝代不同的君主相比，同一君主的不同时期相比，非常丰富。还有北宋范祖禹的《唐鉴》，强调北宋要以唐朝为鉴。作者从唐朝历史中概括了三百零六件事，针对这些事发表议论，总结应当怎样以唐为鉴。再如唐太宗写过一篇长文《帝范》，讲怎样做一个皇帝，共十二章，内容很丰富，也可以说是一篇精辟的君主论。

有人说中国古代史学没有理论，那是太不了解中国古代史学了。中国古代史学有这么多理论，这些理论都是滋养我们理论兴趣的养料，丰富我们历史评论的重要遗产。我们过去认识不够，近十几年来的摸索，发现有丰富的遗产，丰富的理论。当然，这一理论和我们今天所遵循的唯物史观有很大差异，但历史理论的遗产有些是有长久生命力的，仍然值得我们学习和借鉴。因此，提高我们的议论水平，也不是凭空获得的，一方面要从丰富的材料中去抽象，去概括，同时要学习前人发表的议论，这一点很重要。

作者附记：本文是根据2004年4月20日在安徽大学历史系的演讲稿改订而成的。安徽大学历史系陆发春副教授曾对录音进行过整理，谨此致谢。2004年6月1日记。

（原载《安徽史学》2004年第4期）

六讲　历史·史学·历史智慧

一　面向新的世纪，史学怎样思考

面向新的世纪，史学工作者面临着许多新的课题、新的任务，在扩大视野、拓展领域、改进方法、严肃学风、提高科学水平、增强史学活力等方面，都有许多工作要做，真是任重而道远。毋庸置疑，这些工作所能进行的程度，所能达到的成就，将决定中国史学在21世纪的面貌，决定中国史学在21世纪历史进程中所发挥的作用和所处的位置。具体说来，这将决定在未来的世纪里，中国史学对于中国社会主义物质文明建设和精神文明建设发挥怎样的作用。这是史学界所关心的问题，也是公众和社会所关注的问题。历史是无情的，也是无私的。

历史无情，是因为任何人都不能阻挡历史潮流的前进；历史无私，是因为它总是一如既往地给一代代人留下宝贵的遗产和丰富的智慧而永无止境。问题在于，人们如何面对历史潮流，怎样看待历史智慧。这两者，又是相辅相成的辩证关系。古往今来，许多有识之士，都懂得这些遗产和智慧对于人们从事现实的与未来的创造具有非常重要的价值和意义，因而也就必然能够更好地面对历史潮流。而面向新的世纪，我们的史学工作，有必要进一步地深入研究历史潮流、历史智慧与人们的历史活动的相互关系，提高人们对于历史智慧的认识，促进人们学习历史，从史学中汲取更多智慧，更积极地参与社会实践。

二　历史运动与历史智慧

人们在自身所参与的历史运动中，创造和积累了历史智慧。中国有句古话，叫作“君子以多识前言往行，以畜其德”。[①]这反映出了在很早的古代，人们就懂得十分重视前人所创造和积累的道德、智慧。这里说的“前言往行”，后人解释为前辈贤者的嘉言懿行，包含有道德、学识、智慧的广泛内容。因此，这里所说的“德”，也就具有道德、智慧的深刻内涵了。所谓“畜”，是培养和积累。诚如南朝史家裴松之在

① 《易·大畜·象传》，《十三经注疏》本，中华书局1980年版。

理解这句古训的时候写的："畜德之厚，在于多识往行。"①这个古训揭示出了一个道理，就是：人们从历史中可以得到"德"，即得到道德、学识和智慧。

人类创造了自己的历史，创造了物质财富和精神财富。而智慧，即人们对事物能够认识、辨析、判断、处理和发明创造的能力，亦可简称为人们的才智、智谋，则是精神财富的重要部分。这些智慧，一方面可以通过大量的物质财富折射出来；一方面又可以以精神产品的形式积累和传承。可以这样说：历史，它是人类智慧的源泉。对于这一点，中国古代学人，尤其是中国古代史家，从很早的时候起，就有十分自觉的认识，史官制度设立之早，就是很好的明证。而从《史记》《汉书》这两部较早出现的"正史"来看，它们所包含的内容及蕴藏的智慧，内涵是极为丰富的。直到唐初，人们对史官的规范性要求，还是很明确的。这个要求是："夫史官者，必求博闻强识、疏通知远之士，使居其位，百官众职，咸所贰焉。是故前言往行，无不识也；天文地理，无不察也；人事之纪，无不达也。内掌八柄，以诏王治，外执六典，以逆官政。书美以彰善，记恶以垂戒，范围神化，昭明令德，穷圣人之至赜，详一

① 裴松之：《上〈三国志〉注表》，见《三国志》附录。

代之亹亹。”[1]由此看来，史官要把前人在社会历史中的创造活动，尤其是在这个创造活动中所积累的各方面的智慧总结出来，记载下来，是多么艰难而崇高的事业。

如此看来，在历史运动和历史智慧积累之间，史官是发挥了十分重要的作用的。从这个意义上看，史官受到公众、社会和国家的重视，是很自然的。

这里所谓历史智慧，是指历史上的人们对事物能够认识、辨析、判断、处理和发明创造的能力，是指他们关于对待社会与自然及其相互关系的才智、智谋。换言之，所谓历史智慧，是历史上的人们所创造、所积累的智慧。历史智慧，是同现代科学知识、认识能力相对而言的；但是，正如人们不应当割断历史一样，人们不应当、也不可能割断历史智慧同现代科学知识、认识能力之间的联系。

三　史学与历史知识、历史智慧

历史智慧，作为前人创造出来的精神财富之一，它的生命力是永存的。如果说人们“多识”的途径最初是依靠口耳相传

① 魏徵等编：《隋书》卷三三《经籍志二》史部大序，中华书局1973年版。

的话，那么在有了历史记载和历史撰述以后，从史书中学习历史知识，汲取前人的道德、智慧就成了主要的途径了。上引裴松之的话，便是明证。

春秋时期，人们已经认识到通过学习史书，可以获得广泛的知识，汲取丰富的智慧，从而用以指导自己的行动。楚国的史官左史倚相，被国人称为“楚国之宝”，称他“能道训典，以叙百物，以朝夕献善败于寡君，使寡君无忘先王之业”。[①]左史倚相是熟悉“训典”的史官，故能时时同楚王谈论历史上的成功失败、经验教训，使楚王便于更好地管理国家。典，当是一种古老的文献形式。《尚书·多士》说的“惟殷先人有册有典”，证明“册”和“典”至晚在殷朝就已经出现了。楚人说的“训典”，既与“百物”“善败”“先王之业”有关，说明它包含了丰富的历史内容。人们正是从这些丰富的历史内容中汲取智慧，变得更加聪明，更富于历史责任感。

由于历史文献越来越丰富，于是人们也就懂得了从不同的历史文献中汲取不同方面的知识和智慧。《国语·楚语上》开篇着重记述了大夫申叔时回答楚庄王所问论教导太子事，指出：“教之春秋，而为之耸善而抑恶焉，以戒劝其心；教之世，而为之昭明德而废幽昏焉，以休惧其动；教之诗，而

① 《国语·楚语下》。

为之导广显德，以耀明其志；教之礼，使知上下之则；教之乐，以疏其秽而镇其浮；教之令，使访物官；教之语，使明其德，而知先王之务用明德于民也；教之故志，使知废兴者而戒惧焉；教之训典，使知族类，行比义焉。”按三国吴人韦昭注所说：“以天时纪人事，谓之春秋。”“世，谓先王之世系也。”“令，谓先王之官法、时令也。”“语，治国之善语。”“故志，谓所记前世成败之书。”“训典，五帝之书。”这些书，属于不同内容和形式的历史文献。今天看来，这段话反映出了一个十分重要的现象，即人们对于历史知识的极其重视，以及从历史知识中汲取智慧的自觉精神。值得注意的是，这里说的“耸善而抑恶”“昭明德而废幽昏”“耀明其志”“知上下之则”“疏其秽而镇其浮”“使访物官”“使明其德”“使知废兴”“使知族类”等等，包含了多方面的知识和修养；这多方面的知识和修养的综合、提升，便可凝结为丰富的和较高层次的智慧。

从申叔时论教导太子，到左史倚相被誉为“楚国之宝”，可以看出春秋时期人们（当然主要是贵族阶层）注重从史书中汲取智慧为现实所用，已涉及广泛的领域和较深的层次，从而表明人们对此已达到很高的自觉程度。在这个问题上，我们从孔子说的“殷因于夏礼，所损益，可知也；周因于殷礼，所损益，可知也。其或继周者，虽百世，可知也”[①]这段话所反映出来的思想，可以得到进一步的认识和理解。人们对于历代制度的因革损益的认识丰富了，不仅可以作为现实的借鉴，还可以据此推知未来。这是从历史知识到历史智慧的必然之路。战国时期，百家争鸣，大多有对于历史知识的具体运用，反映出了从历史知识层面上升到历史思想、历史智慧层面的生机勃勃的局面。

把从史学中汲取智慧的自觉性推向更高的阶段，是从汉初到司马迁时代实现的。如果说汉初人们重视总结历史经验，显示出对客观历史进程所提供的智慧的现实因素的重视的话，那么到了司马迁撰写《史记》的时候，他不仅具有前者的那种意识，而且更显示出他对于从史学的积淀中汲取智慧的自觉意识，并把二者结合起来，向人们展现出一个巨大的、幽深的历史智慧的宝库。

司马迁从客观历史中总结人们创造出来的经验和积累的智慧，至少有两个方面：一个方面，是比较具体的层面，同前人一样，这带有较多的经验色彩；另一个方面，是比较抽象的层面，比前人有了很大的提高，这带有较多的理论色彩。关于前一个方面，他评论刘敬谏都关中一事，是很有代表性的。他

① 《论语·为政》。

说："语曰：'千金之裘，非一狐之腋也；台榭之榱，非一木之枝也；三代之际，非一士之智也。'信哉！夫高祖起微细，定海内，谋计用兵，可谓尽之矣。然而刘敬脱挽辂一说，建万世之安，智岂可专邪！"[①]这是从当世追溯到"三代"，强调智慧在历史活动中的重大作用；而智慧，是历史的积累，是任何身份的人都可能拥有的，即使像娄敬（刘敬）这样一个普通的士兵，亦不例外。司马迁指出这一点，在历史观点上和实践价值上，都是很有意义的。《史记》全书，在许多地方都反映了他的这种认识。关于后一个方面，更表现出司马迁在认识历史的理论上的突出成就，这就是他给自己撰写《史记》所确定的宗旨和目标："网罗天下放失旧闻，考之行事，稽其成败兴坏之理，凡百三十篇，亦欲以究天人之际，通古今之变，成一家之言。"[②]这一宗旨和目标，表明司马迁把总结历史上的"成败兴坏之理"作为撰述的核心内容来看待，并由此去探讨"天人之际""古今之变"这一普遍性的认识，从而把实践层面上的智慧提升到理论层面上的智慧。这是司马迁在历史理论上的杰出贡献。他关于人是历史活动中的主要因素，关于历史是连续的、变动的、进步的等许多认识，总结了先秦历史理

① 司马迁：《史记》卷九九《刘敬叔孙通列传》后论。

② 班固：《汉书》卷六二《司马迁传》。

论的成果，奠定了两汉以下历史理论发展的基石，对于人们认识历史和历史中蕴含的智慧，有划时代的意义。

司马迁在撰述《史记》的过程中，显示出他对于发展史学的自觉意识，这个自觉意识包含了他明确地揭示出历史文献中蕴藏着丰富的智慧，并一一强调了它们所具有的价值。这是他不同于前人并超出前人的地方。司马迁在跟上大夫壶遂辩论时指出："《易》著天地、阴阳、四时、五行，故长于变。《礼》经纪人伦，故长于行。《书》记先王之事，故长于政。《诗》记山川溪谷、禽兽草木、牝牡雌雄，故长于风。《乐》乐所以立，故长于和。《春秋》辩是非，故长于治人。是故《礼》以节人，《乐》以发和，《书》以道事，《诗》以达意，《易》以道化，《春秋》以道义。"[①]这里说的长于变，长于行，长于政，长于风，长于和，长于治人，以及节人，发和，道事，达意，道化，道义等，是从六个不同的方面，指出了儒家经典《诗》《书》《礼》《易》《乐》《春秋》的特点和主旨。人们对于它们的学习和实践，便是对于自身修养的提高和智慧的逐步积累。值得注意的是，在这个辩论中，司马迁一方面指出了《诗》《书》《礼》《易》《乐》《春秋》其所含主旨的互相联系，不可割裂；一方面强调了《春秋》的特

① 司马迁：《史记》卷一三〇《太史公自序》。

殊重要性。他反复地阐说道："夫《春秋》，上明三王之道，下辨人事之纪，别嫌疑，明是非，定犹豫，善善恶恶，贤贤贱不肖，存亡国，继绝世，补敝起废，王道之大者也。""拨乱世反之正，莫近于《春秋》。……故《春秋》者，礼义之大宗也。"[①]这些话，无疑带有较多的社会伦理的色彩和儒家的价值观。然而，就当时的历史条件来看，《春秋》能够教会人们"上明三王之道，下辨人事之纪，别嫌疑，明是非，定犹豫，善善恶恶，贤贤贱不肖"等等，也可视为一种宏大、高深的智慧了。我们联系到司马迁在叙述自己身世的时候，特意转述了他父亲司马谈的志向，并表明了自己的决心，显示出了他继承《春秋》事业的崇高的抱负。这正是司马迁的自觉的史学发展意识的表现，也是他重视从史学中汲取智慧的自觉意识走向更高阶段的标志。《史记》成为一部闻名于全世界的不朽巨著，首先在于它闪耀着灿烂的历史智慧之光。

在司马迁以后，人们重视从史学中汲取智慧有了广泛的发展。班固自谓他所著《汉书》，可称"函雅故，通古今，正文字，惟学林"。[②]唐人颜师古注谓："信惟文学之林薮也。凡此总说帝纪、表、志、列传，备有天地鬼神人事，政治道

① 司马迁：《史记》卷一三〇《太史公自序》。

② 班固：《汉书》卷一〇〇《叙传》。

德，术艺文章。泛而言之，尽在《汉书》耳。”《汉书》为后人所重视，在隋唐之际勃然兴起为“《汉书》学”，除有政治上的原因外，同它“函雅故，通古今，正文字，惟学林”，包含有丰富的知识和智慧不无关系。随着“正史”撰述的兴盛，撰史者和读史者更注重于总结和认识历史上的朝代兴亡之故，从多方面汲取经验、教训，以增益治国安邦的智慧。在这方面，唐太宗同历史学的关系，唐代史家吴兢撰《贞观政要》，北宋司马光撰《资治通鉴》、范祖禹著《唐鉴》，直到明末清初王夫之著《读通鉴论》和《宋论》，都是极有代表性的。从总的倾向来看，这都是在强调一个“鉴”字，即强调历史的借鉴作用。唐太宗说的“览前王之得失，为在身之龟镜”①，司马光说的“监（鉴）前世之兴衰，考当今之得失”②，王夫之说的“故治之所资，惟在一心，而史特其鉴也”③等等，都是对于先秦时期的“殷鉴不远，在夏后之世”④提出的鉴戒思想的继承和发展。应当说，对于“鉴”的认识，是具有历史智慧的很重要的表现。但中国史学中所蕴藏的历史智慧，还有更高的层次。这至少应包含有关于“势”“理”“道”这些范畴。

① 王钦若等编：《册府元龟·国史部·恩奖》，中华书局1960年版。

② 司马光：《进〈资治通鉴〉表》，见《资治通鉴》卷末。

③ 王夫之：《读通鉴论·叙论四》。

④ 《诗经·大雅·荡》，《十三经注疏》本，中华书局1980年版。

司马迁在《史记·平准书》后论中，总结了汉兴以后工商业发展所带来的种种后果时写道："无异故云，事势之流，相激使然，曷足怪焉。"这是指出，种种现象的出现，不过是事物的发展和时势的变化相互影响的结果，是不足为怪的。他论范雎、蔡泽二人在秦国的成功说："及二人羁旅入秦，继踵取卿相，垂功于天下者，固强弱之势异也。然士亦有偶合，贤者多如此二子，不得尽意，岂可胜道哉！"①这就是说，他们的成功，首先是"强弱之势异也"，其次也还有他们二人的机遇这一因素。他论游侠之所以"显名诸侯"，是出于游侠的"贤"，"比如顺风而呼，声非加疾，其势激也"。②综观司马迁所讲的"势"，有的是讲趋势，有的是讲形势。而他在一些并没有直接讲到"势"的时候，往往都是指趋势之意。

赋予"势"以明确的趋势的含义，是柳宗元的《封建论》。他在这篇著名的史论中，以周、秦、汉、唐的历史为根据，证明分封制的出现，"非圣人之意也，势也"；同时也证明，秦以下实行郡县制，也是势使之然。③柳宗元论"势"，

① 司马迁：《史记》卷七九《范雎蔡泽列传》后论。

② 司马迁：《史记》卷一二四《游侠列传》序。

③ 柳宗元：《柳河东集》卷三。

启发了后人的思考，提出了对于“时”的认识。宋人范祖禹引用《礼记·礼器》中说的“礼，时为大，顺次之”的话，证明“三代封国，后世郡县，时也”[1]，这颇近于柳宗元的论“势”。宋人苏轼认为：“圣人不能为时，亦不失时。时非圣人之所能为也，能不失时而已。”[2]这是很机智地说明了“圣人”与“时”的关系，都是很富于理性特色的。王夫之对“时势”有进一步的阐发，认为：“智有所尚，谋有所详，人情有所必近，时势有所必因，以成与得为期，而败与失为戒。”[3]这是指出了一定“时势”的出现，定有其一定的原因，从而把问题提得更加深刻了。总之，关于“势”的认识，已超出了对于一些具体的经验教训、得失成败的范围的考察，而走向对于一些带有普遍性问题的思考。

关于“势”的探究，引发了对于“理”的进一步认识。司马迁说的“稽其成败兴坏之理”，是较早地从史学上提出“理”这个范畴的。他说的“理”，其本意当是指道理、原因之类而言。历代史家多有探索对于“理”的认识的。班固《汉书·叙传》中有“穷人理，该万方”的说法。唐人李

① 范祖禹：《唐鉴》卷二，上海古籍出版社1981年版。

② 苏轼：《东坡志林》卷五，中华书局1981年版。

③ 王夫之：《读通鉴论·叙论》。

肇撰史的目的是“纪事实，探物理，辨疑惑，示劝戒”。[①]而王夫之是古代史家中把“理”阐发得较深刻的。他自谓著《读通鉴论》，是“刻志兢兢，求安于心，求顺于理，求适于用”。[②]在他看来，对于历史的认识，只有达到了“顺于理”，才能“适于用”。什么是“理”呢？他认为：所谓“理”，就是“物之固然，事之所以然也”。[③]这就是说，“理”是事物变化之内在的法则。他又说：“理本非一成可执之物，不可得而见也”，“只在势之必然处见理”。[④]这是否可以认为：“势”是“理”的形式，“理”是“势”的本质。探讨历史运动中的“理”，就是揭示“势”的本质，亦即法则。如此看来，认识历史中的“理”，也是属于较高层次的历史智慧。

史学家们在探索、揭示历史智慧的过程中，还提出了“道”这个范畴。司马迁在《史记·货殖列传》序中写道：“人各任其能，竭其力，以得所欲。故物贱之征贵，贵之征贱，各劝其业，乐其事，若水之趋下，日夜无休时，不召而

① 李肇：《唐国史补》序，上海古籍出版社1979年版。

② 王夫之：《读通鉴论·叙论》。

③ 王夫之：《张子正蒙注·至当》，中华书局1975年版。

④ 王夫之：《读四书大全》卷九《孟子·离娄上》，中华书局1975年版。

自来，不求而民出之。岂非道之所符，而自然之验邪。”司马迁把人们的社会经济活动，看作是符合某种法则的表现，也是合乎于自然发展的证明。这是关于人类社会历史是一个自然发展过程的朦胧认识，今天看来亦不失为历史智慧中的精粹。重视从客观历史中去探寻“道”，从历代史书中总结“道”，是中国史学的优良传统。对于所谓“经以载道，史以纪事”从而把“道”与“事”截然分开的论点，思想深刻的史学家是不赞成的。元初胡三省明确地指出：“世之论者率曰：‘经以载道，史以纪事，史与经不可同日语也。’夫道无不在，散于事为之间。因事之得失成败，可以知道之万世无弊，史可少与？”[①]胡三省认为，法则是不可能脱离具体的事物而产生出来的，它寓于事物之中；换言之，只有当人们认识到许多事物的时候，才可能真正认识法则本身。质而言之，“道”出于“事”而高于“事”，是属于意境很高的智慧。这从他评论《资治通鉴》的价值中，可以看得更加清晰。他说：“为人君而不知《通鉴》，则欲治而不知自治之源，恶乱而不知防乱之术；为人臣而不知《通鉴》，则上无以事君，下无以治民；为人子而不知《通鉴》，则谋身必至于辱先，作事不足以垂后；乃如用兵行师，创法立制，而不知迹古人之所

① 胡三省：《新注〈资治通鉴〉序》，见《资治通鉴》卷首。

以得，鉴古人之所以失，则求胜而败，图利而害，此必然者也。”[①]《资治通鉴》包含了丰富的史实，而上文所说的这些原则，正是从“事”中总结、提升出来的“道”。这可以看作是具体地说明了胡三省关于“道”与“事”之关系的有力的例证。清人龚自珍把胡三省的论点进一步发展了，更加明确地提出“史”与“道”的关系：“出乎史，入乎道。欲知道者，必先为史。”[②]只有“出乎史”，才能“入乎道”；因此，要懂得“道”，首先要读史。从所引之文的上下文来看，龚自珍所说的“道”，是内涵更丰富的由诸多法则结晶起来的智慧以及运用这些智慧的才能。

要之，史家关于“鉴”“势”“理”“道”的阐述，从几个重要的理论范畴揭示出史学中所蕴含的高层次的历史智慧，也反映了在历史和史学的发展过程中，历史智慧之积累和提炼的过程。

王夫之认为：“史之为书，见诸行事之征也。则必推之而可行，战而克，守而固，行法而民以为便，进谏而君听以从，无取于似仁似义之浮谈，只以致悔吝而无成者也。则智有所

① 胡三省：《新注〈资治通鉴〉序》，见《资治通鉴》卷首。

② 龚自珍：《龚自珍全集》第一辑《尊史》，上海人民出版社1975年版。

尚，谋有所详，人情有所必近，时势有所必因，以成与得为期，而败与失为戒，所固然矣。”[①]这一段话，从古人的观点来看，是关于史学与历史智慧之关系的很好的说明。

四　历史智慧与现实运动

人们的社会实践需要有正确的思想指导，而这种正确的思想指导又来源于人们的社会实践（包括自身的、他人的、社会的和前人的实践）。历史智慧作为前人在社会实践中总结和积累起来的有益经验与正确思想的结晶，在人们的现实运动中无疑具有重要的意义。20世纪的中国历史和20世纪的中国史学在这方面给予我们丰富的认识。诚如李大钊在20年代出版的《史学要论》一书中所断言、所预见的那样：“研究历史的趣味的盛行，是一个时代正在生长成熟、正在寻求聪明而且感奋的对于人生的大观的征兆。”他认为，这种“智力的老成”，有利于人们去创造“新世界”。他还指出：“历史的进路，纵然有时一盛一衰、一衰一盛的做螺旋状的运动，但此亦是循环着前进的，上升的，不是循环着停滞的，亦不是循环着逆反的，退

① 王夫之：《读通鉴论·叙论》。

落的，这样子给我们以一个进步的世界观。”[①]所谓“寻求聪明”和“进步的世界观”，这里指的是对于人类社会历史进程的认识和对于历史前途的信心，这是历史学给予人们的最重要的智慧，也是历史学最重要的社会功能。

回顾20世纪的中国历史，特别是中国共产党领导各族人民所进行的革命与建设的历史，人们都会认识到中国马克思主义史学在丰富人们的智慧、提高全民族的精神文化素质方面所发挥的巨大作用。马克思主义史学，一方面深化了、普及了人们对于历史唯物主义这一科学的历史观的认识，一方面指导人们如何正确地对待历史遗产，如何去总结历史所遗留下来的那些珍贵品，并用以指导当前的历史运动。这两个方面，都可以看作是20世纪史学领域中的最高智慧。关于这一点，毛泽东提出了深刻的见解，并予以特别的强调，他指出：“学习我们的历史遗产，用马克思主义的方法给以批判的总结，是我们学习的一任务。我们这个民族有数千年的历史，有它的特点，有它的许多珍贵品。对于这些，我们还是小学生。今天的中国是历史的中国的一个发展；我们是马克思主义的历史主义者，我们不应当割断历史。从孔夫子到孙中山，我们应当给以总结，承继

① 李大钊：《李大钊史学论集》，河北人民出版社1984年版，第245、246页。

这一份珍贵的遗产。这对于指导当前的伟大的运动，是有重要的帮助的。”[①]这一段历来为人们所熟知的话，肯定了我们这个民族的历史遗留下来的“许多珍贵品”，指出了应当如何对待这些珍贵品的理论和方法，强调了正确对待这些珍贵品的现实意义。这话是六十年前说的。这半个多世纪的历史，不论是当年的伟大的民族解放战争，还是现今的伟大的社会主义现代化建设，人们都不会忘记这段话的理论价值和实践意义。毛泽东所说的“珍贵品”，从一定的意义上说，正是中华民族在历史上种种智慧创造的结晶和顽强奋斗的精神。在20世纪，中国人需要这种智慧和精神；面向21世纪，中国人同样需要这种智慧和精神，并把它们发扬光大。从梁启超呼唤“新史学”，倡言史学是“国民之明镜”“爱国心之源泉”[②]，到李大钊、郭沫若开辟中国马克思主义史学发展的道路，20世纪的中国史学，虽亦不免经受坎坷，然就全局来看，它无愧是20世纪中国历史一次次伟大变迁和进步的记录与反映；比之于以往的中国史学，它蕴含着许多更新鲜、更富于创造力的智慧。值得注意的是，近些年来，书摊、坊间有不少借用“研究历史”的名

---

① 毛泽东：《毛泽东选集》第二卷，第533～534页。

② 梁启超：《新史学》，见《饮冰室合集》，文集之九，中华书局1989年版，第6页。

义，挂着“史学著作”的招牌而编造出来的一些文字，既无梁启超所谓“国民之明镜”“爱国心之源泉”的品位，更无李大钊所说的“寻求聪明而且感奋的对于人生的大观的征兆”“进步的世界观”的境界，这些东西，宣扬历史上的那些过时的、落后的意识，甚至把一些糟粕作为“精华”加以宣扬、兜售，同毛泽东所推崇的“珍贵品”南辕北辙，它们并不反映“研究历史的趣味的盛行”，倒是反映出一些人追求金钱的趣味。这些东西的肆意横流，有损于史学事业的形象，有害于民族素质的提高，不仅严肃的、有责任心的史学工作者要加以反对，而且也必然会遭到社会公众的抵制。

五　端正学风，从史学中汲取更多的智慧

如上文所说，史学有多方面的社会功能，而它能够取之不尽、用之不竭地向人们提供历史智慧，正是它的极其重要的一个社会功能。

怎样从史学中汲取更多智慧呢？

首先，要正确对待新鲜智慧同历史智慧之间的关系。我们必须认识到，处于改革开放时代的中国人，面向21世纪的中国人，必须不断学习新知识，增益新智慧，要在教育和科技上不

断缩小同发达国家的距离。这一点，应当引起全民族的警觉。同时，我们决不能遗忘、轻视历史智慧的历史意义和现代价值。从本文的分析中可以看到，历史智慧作为曾经存在过的知识的结晶，它永远不会“死亡”，还有活泼泼的生命力：它可以使人们拥有一个很高的起点，高瞻远瞩；它可以使人们储备大量的参照体系，彰往察来；它更可以使人们从对于鉴、势、理、道的理解、领悟、体察之中，学到许多聪明、才智，进退裕如地迎接新时代所面临的种种挑战。因此，我们不应把二者割裂开来，甚至对立起来。

其次，要提高从史学中汲取历史智慧的自觉性，从而提高全民族的精神素质和科学素质。史学不仅可以提高人们的文化素质、精神素质，同样也可以提高人们的科学素质。在这方面，马克思主义史学具有极其重要的作用和价值。马克思主义史学所总结的历史智慧，对于帮助人们树立正确的世界观、人生观、价值观，具有别的学科所不能替代的作用。历史学所从事的人物、事件、事实判断、价值判断等综合研究，是从感性知识和理性知识的结合上来阐明所研究的结论，具有突出的生动性和说服力。我们应该有这样的共识：只要还有历史的运动，就一定会有人们的史学活动；史学活动应当受到公众和社会更多的关注。

再次，史学工作者要充分地认识到肩负的责任，撰写出内容充实、根据可靠而又富于启迪性的著作；要抵制、批评那些打着“史学”旗号而贩卖庸俗、低俗、媚俗的“历史书”。史学工作者要学习司马迁“究天人之际，通古今之变，成一家之言”那样的宏伟气魄，多思考一些史学上的重大问题；要学习郭沫若“对于未来社会的待望逼迫着我们不能不生出清算过往社会的要求”[①]那样的社会责任感，多思考一些具有现实意义的问题。这样的话，史学工作者不仅自身注重了从史学中汲取更多智慧，而且也才能向社会、向广大读者提供得以从史学中汲取更多智慧的那种高水平的著作。

最后，端正学风，是从史学中汲取更多智慧的关键。历史是严肃的，它不以人的意志为转移。史学是严肃的，它要求人们尊重历史，认识史学在“彰往察来”方面的崇高作用，在人们借以“畜德”方面的崇高作用。因此，人们对待史学，应该抱有正确的态度，真正视其为“生人之急务”“国家之要道”[②]；应该具有良好的学风，真正理解到“史非一家之书，实千载之书”，当以“实事求是”为原则。[③]在这里，明确的

① 郭沫若：《郭沫若全集·历史编》第一卷，人民出版社1982年版，第6页。

② 刘知幾：《史通·史官建置》。

③ 钱大昕：《廿二史考异》序。

社会责任感和严谨的治学精神是完全统一的。这两个方面，只要偏离了其中一个方面，不仅都有碍于从史学中汲取历史智慧，甚至使史学陷于庸俗的境地。当然，以正确的态度和良好的学风对待史学，不仅仅是史学工作者的事情，也是社会应当关注的事情。只有这样，我们才能从史学中汲取更多的智慧，裨益我们的社会实践。

（原载《山西师大学报》1997年第4期）

七讲　史学传统与人文精神

近些年来，关于科学、人文及其相互关系的讨论日渐多了起来，人们对此关注的热情也有日渐增高的趋势，这是一个很好的现象。这方面的讨论，有益于人们逐渐培养起更加科学的学风，有益于提高全民族的综合素质，进而有益于增进各项工作决策的科学程度，不仅具有学术意义，而且具有实践意义。

21世纪刚刚揭开序幕，大家进一步来讨论科学观、人文观及科学与人文关系的问题，自然使其带有时代的气息。在这篇文章中，我想就史学传统与人文精神的有关问题，讲几点认识，或许对这一讨论有拾遗补阙的作用。

一　史学与人文

关于人文，人们讲得比较多的是思想、伦理、道德、文学、艺术等等，或者用“文化”来概括这些方面。至于史学，人们似乎讲得不多。其实，我们所讲的“文化”，其中有许多方面、许多内容都离不开历史记载、历史撰述，离不开史学家的思想和活动，就是说离不开史学。

“人文”一词，中国出现较早，《易·贲象》云：“文明以止，人文也。观乎天文，以察时变；观乎人文，以化成天下。”孔疏解释“人文”说：“圣人观察人文，则《诗》《书》《礼》《乐》之谓，当法此教而化成天下也。”据此，所谓“人文”当与制度、文化教育密切相关。又《后汉书·公孙瓒传》后论有“舍诸天运，征乎人文”之说，李贤注曰：“天运犹天命也，人文犹人事也。《易》曰‘观乎人文，以化成天下’。”李贤注把“人文”解释为“人事”，针对《后汉书》史论来说无疑是确切的，但它又引“《易》曰”做根据，这就把《易·贲象》中所说的“人文”的含义变得更宽泛了。本文讨论人文，兼采孔疏与李注二说，不作绝对对待。笔者这个认识也是有根据的。清代史家章学诚在讲到典制体通史的时候，曾用了“事实人文”这个概念。他还写道“夫通史人文，上下千年，然而义例所通，则隔代不嫌合传”。[①]他讲的“事实人文”，当是包含一般史事和

① 章学诚：《文史通义·释通》。

各种制度。他说的“通史人文”，当是指用通史体例撰写的制度史，当然，章学诚只是在论述“通史”体例时提到“人文”这个概念，并没有对其做任何解释，但我们根据上下文的联系，大致可以判断出他所说的“人文”的含义。

在西方，“人文”的概念同人性与教育相关。文艺复兴时期，人文研究是同神学研究相对立的，认为人是宇宙的主体，是万物的主宰。这是要通过学校教育让人们都懂得的一种世界观。

尽管中西产生“人文”这个概念的历史条件有很大悬殊，也存在具体表述的差别，但它们之间还是有本质上的相通之处的，这就是重视人在历史运动中的主体地位，重视教化（教育）的社会作用。有了这样一个基本的共同点，使我们今天在讨论有关“人文”的话题时，思路就会更开阔，内涵也会更丰富。这里，我认为有一点是应当予以强调的，即由于中国古代史学至为发达，所谓“观乎人文，以化成天下”的传统，在史学中有突出的和连续性的表现，这是西方古代尤其是中世纪所无法比拟的。

如果上面这些认识大致可以成立的话，那么我们探讨中国史学中的人文精神传统及其种种表现，将有益于丰富人们对人文精神内涵的认识，有益于继承和发扬这种人文精神，因而在理论上和实践上都有重要的意义。举例说来，中国史学中的人本思想传统，“思齐”与“自省”的人生修养的传统，关心国家命运的忧患意识的传统史学审美传统等，都反映出极其鲜明的人文精神。其特点是历史感同时代感的结合，是在对现实的关注时从不脱离对过去的思考和对未来的憧憬。它反映在人对自身价值的认识上，它更反映在人对社会责任的认识上。

二　史学中的人本思想传统

发现并不断加深认识人在历史运动中的决定性作用的过程，是人文精神产生和发展的一个重要方面，甚至可以说是最根本的方面。中国史学在这个问题的认识上所走过的道路，具有典型的和重要的意义。

当然，中国先民也是从“天命”“上帝”的羁绊下逐步挣脱出来的。这个过程经历了漫长的年代。“天”是先秦时期人们历史观念中的一个基本范畴，指的是至上之神。凡王朝兴亡、世间治乱甚至人们的福祸寿夭，都由“天命”决定。这方面的记载，在先秦的官方文书和王朝颂诗等文献中，俯拾即是。“天”，在相当长的时间里，被认为是人世间的主宰。“人”也是当时人们历史观念中的一个重要范畴，不过最初不是指一般人，而是指人君。《尚书·大诰》："天亦惟休于前宁人。"这里的"宁人"指周文王。此句意谓：上天只赞助我们的前辈文王。这是较早把"天"与"人"连在一起用以表示一种见解的，表明人是从属于天的。当时对一般人只称作"民"。"民"更是受"天"的主宰。即所谓："天生烝民"[①]，"天亦哀于四方民"[②]。后来经过西周末年社会动荡和春秋时期的诸侯争霸，人的作用被进一步肯定，"人"的涵义扩大了。春秋末年和战国初年的私人历史撰述《春秋》与《左传》《国语》，有很多地方是讲一般"人"了，也记载了一些人对"天命"的怀疑。《春秋》一书是中国史学上最早的重视人事的著作，它认真地记载了政治上的得失成败。它记水、旱、虫、雨雹、雷电、霜雪、地震等，都是作为与人事有关的自然现象来看待的。这同孔子"不语怪、力、乱、神"[③]（《论语·述而》）的思想是一致的。《春秋》在历史表述上，是先秦时期史籍中最早摆脱天、神羁绊的史书，这是它在历史思想发展上的重大贡献。《左传》记周内史的话，说"吉凶由人"[④]，记郑国大夫子产的话，说"天道远，人道

① 《诗经·大雅·荡》，《十三经注疏》本。

② 《尚书·召诰》，《十三经注疏》本，中华书局1980年版。

③ 《论语·述而》。

④ 《左传·僖公十六年》。

迹，非所及也，何以知之”！[1]《国语·周语下》记单襄公的话，说“吾非瞽史，焉知天道”。《左传》和《国语》都写出了大量的在历史活动中的人，写出他们的活动、议论、风貌。这些都反映它们在历史思想上的进步。战国以后，在历史思想领域，人们还未能完全摆脱“天命”史观的影响，有时甚至表现得很突出。但从发展趋势来看，“天命”受到怀疑，人事受到重视，已是历史思想发展中不可扼制的潮流。司马迁著《史记》，提出了“究天人之际”的重大课题，在历史撰述和历史思想发展上有划时代意义。他批评项羽兵败身死，“尚不觉寤而不自责，过矣。乃引‘天亡我，非用兵之罪也’，岂不谬哉！”[2]司马迁在《伯夷列传》中，针对“天道无亲，常与善人”的说法，发表评论说：“余甚惑焉，傥所谓天道，是耶？非也？”这表明司马迁在历史思想上是一位对“天命”史观大胆怀疑的史家。《史记》是中国史学上第一部真正把人作为历史中的主体来看待的伟大著作，它对历史变化的动因有许多朴素的唯物主义的解释。《史记》在历史思想上的唯物主义倾向，对后来的史学发展有重大的影响。在“二十四史”中，也有一些明显地宣扬“天命”的皇朝史，但它们毕竟都是着眼于

① 《左传·昭公十八年》。

② 司马迁：《史记》卷七《项羽本纪》。

写人在历史中的活动；其称说“天命”，固然有真诚的，但不少都是属于官样文章了。

如同司马迁在历史思想上提出了“究天人之际”的任务具有重要的意义一样，史学批评家刘知幾提出了清除“天命”史观在历史撰述中之不良影响的任务。他断然指出：自然界的种种变化，“此乃关诸天道，不复系乎人事”。[①]刘知幾并不是彻底否认“天道”，但他说的“天道”显然已包含了不少属于自然现象的因素。不论属于何种情况，他认为凡属于“天道”范围者，史家应取“不复系乎人事”的态度。刘知幾从他的朴素唯物思想倾向出发，把“天道”“人事”的关系作为历史撰述中的一个理论问题提出来，其意义显得更为重要。另一位史学批评家、思想家柳宗元，继承和发展了荀子以来“天人相分”的学说，对“天”做了物质的阐释，从根本上否定了“天”是有意志的至上神，从而也就否定了“天命”史观。他指出：“天地，大果蓏也；元气，大痈痔也；阴阳，大草木也。其乌能赏功而罚祸乎！功者自功，祸者自祸，欲望其赏罚者大谬。呼而怨，欲望其哀且仁者，愈大谬矣。”[②]自司马迁提出对“天道无亲，常与善人”的观念表示怀疑以后，到柳宗

① 刘知幾：《史通·书志》。

② 柳宗元：《柳河东集》卷一六《天说》。

元上述论点，可以说是逐步把作为至上神的“天”从人们的历史观念中驱除出去的过程，这在“天”与“人”及天人关系之认识上，是一个重大的进展，是历史思想发展上又一个划时代的里程碑。

中国古代史学中，在探索“天命”与“人事”对于历史的关系时，随着对“天命”的怀疑和对“人事”的重视，便萌生了从人世间寻求历史变动原因的思考。春秋时期的史官史墨说：“社稷无常奉，君臣无常位，自古以然。故《诗》曰：‘高岸为谷，深谷为陵。’三后之姓，于今为庶。”[1]史墨从丰富的历史知识中认识到，自古以来，掌管国家权力的人没有不变的，君与臣的位置没有不变的；他还用自然界的变化来证明自己的见解。史墨的这个认识，在当时来说，可谓石破天惊。他对历史和现实社会的变化有深刻的认识和感受，至于这种变化的原因，他只能以陵、谷的变迁来加以比喻。司马迁著《史记》的主旨之一，是“通古今之变”，并且认为应当从“物盛则衰，时极而转”“事势之流，相激使然”[2]等方面来看待社会历史的变化。这是明确指出了社会历史的转化、变动，是人事和时势相互影响而造成的，故不足为怪。司马迁

① 《左传·昭公二十三年》。

② 司马迁：《史记》卷三〇《平准书》后论。

在《报任安书》中还说到，他著《史记》上起黄帝、下至当世，“考之行事，稽其成败兴坏之理”。这个“理”，即主要是指“事势之流，相激使然”的真相。柳宗元和王夫之发展了以往历史思想中关于“势”“事势”的思想，柳宗元的《封建论》对“势”有精辟的阐述，王夫之说“理”即“物之固然，事之所以然也”。[①]王夫之所说的“理”不同于司马迁说的那些具体的道理，而是指的事物自身发展的法则。要之，从“天命”到“人事”，从“事势”、“时势”到“物之固然，事之所以然”的“理”，这是古代史家关于历史变化动因的认识轨迹。从司马迁提出“稽其成败兴坏之理”到王夫之在《读通鉴论》叙论中提出“求顺于理”，经过漫长的认识过程，终于从具体的“理”升华到抽象的“理”，成为古代史学之历史思想中的宝贵遗产。

古代史家在探讨历史变化动因的过程中，还遇到一个长期为之困惑的问题，这就是人的作用究竟占有何种位置。关于这个问题认识，大致经历了两个发展阶段。第一个阶段，是神与民的关系；第二个阶段，是“圣人”和“生人”的关系。《国语·郑语》记周代史伯引《泰誓》中的话说：“民之所欲，天必从之。”《左传·桓公六年》记季梁同随侯的对话中，说

① 王夫之：《张子正蒙注·至当》。

道："夫民，神之主也。是以圣王先成民而后致力于神。"这是很有意义的。但是，这里还是把作为人的"圣王"放在中心位置来看待。这个思想在很长时间里占据统治地位。董仲舒的"天人感应"说，实质上也是以此为理论的核心。在对于秦废封建而立郡县之得失的千年聚讼中，有一派意见即认为封建是"先王"之意；秦废封建是违背了"先王"之意，因而招致速亡，如曹冏《六代论》、陆机《五等论》等，都是如此。对于这样一个重大历史变动原因，许多史学家参与了论辩，在论辩中阐发了各自的历史思想。其中以李百药、柳宗元分别写的两篇《封建论》最有影响，而柳文尤为知名。柳宗元以大量的历史事实为根据，说明封建"非圣人意也，势也"。[①]他说的"势"既有历史趋势之意，也有客观形势之意。在柳宗元的论述中，包含了"圣人"因势制宜的思想，他并没有完全否认"圣人"的作用。柳宗元历史思想中还有一点是很重要的，即他更重视"生人之意"在历史变动中所起的作用。他明确指出，其所撰《贞符》一文是证明"唐家正德受命于生人之意"。[②]"受命于生人之意"，是作为"受命于天"的对立面提出来的，而"生人"是包含了普通民众在内的。柳宗元把自唐

① 柳宗元：《柳河东集》卷三。

② 柳宗元：《柳河东集》卷一。

初以来唐太宗君臣反复强调的“君，舟也。民，水也。水所以载舟，亦所以覆舟”的古训理论化了。他对“生人之意”的肯定，是从隋唐之际的客观形势中概括出来的，其中包含着他朦胧地看到民众在历史变化中所发挥的重要作用。

关于人在历史变动中的作用，在中国古代历史思想中，主要的和基本的方面还是肯定帝王将相的作用，像柳宗元那样明确地肯定“生人之意”的历史作用毕竟是少数。不过，肯定帝王将相的作用，也有种种不同的情况。一种情况是把历史的或现实的治乱兴衰、得失成败完全归结于个人的作用，这在古代史书中有较多的反映。另一种情况是能够注意到统治集团中不同人才所发挥出来的群体作用。如由魏徵执笔撰写的《隋书》史论，提出这样的见解：“大厦云构，非一木之枝，帝王之功，非一士之略，长短殊用，大小异宜，榮棁栋梁，莫可弃也。”①这种见解，比之于把“帝王之功”完全归于一人一谋的论点，是很大的进步。还有一种情况是能够注意到一定时势、环境对人们的影响和作用。《隋书》史论在评论李圆通、来护儿等人时指出：“圆通、护儿之辈，定和、铁杖之伦，皆一时之壮士，困于贫贱。当其抑郁未遇，亦安知其有鸿鹄之志哉！终能振拔污泥之中，腾跃风云之上，符马革之恩，快平

① 魏徵等编：《隋书》卷六六后论。

生之心，非遇其时，焉能至于此也！”[1]这三种情况的基本倾向，都认为历史是少数杰出人物创造的，都属于英雄史观；但其间的差别也是很明显的，其中后两种观点在古代历史思想发展上有长久的传统和重要的价值。

三　史学中的惩劝宗旨传统

中国史学历来有一个宗旨，就是“惩恶劝善”。这种惩恶劝善不是用说教的方式，是运用史笔的力量，使人通过读史而受到历史上人们言行的震撼而产生的一种自律精神。

《左传·成公十四年》记：“《春秋》之称，微而显，志而晦，婉而成章，尽而不污，惩恶而劝善，非圣人谁能修之。”这几句话，前半段是概括了《春秋》在表述上的特点和成就，后半段是指出了《春秋》的撰述宗旨。可见中国史学的惩劝宗旨由来之古老，影响之久远。那么，对这种惩劝宗旨的传统，究竟应当给予什么样的评价呢？要正确认识这个问题，就必须同本文所论述的前一个问题联系起来，既然中国史学认识到人在历史进程中的中心位置，而人的所作所为又千差万别，那么凡是负责任的史家就一定会对此做出判断，以辨明是

① 魏徵等编：《隋书》卷六四后论。

非，使读史者得到教益和警示，因此，史学中的这种惩劝宗旨不仅是必要的，也是合乎逻辑的。

关于这个问题，唐代史学批评家刘知幾有深入的思考。他在《史通·史官建置》篇中写道："向使世无竹帛，时阙史官，虽尧、舜之与桀、纣，伊、周之与莽、卓，夷、惠之与跖、蹻，商、冒之与曾、闵，但一从物化。坟土未干，则善恶不分，妍媸永灭者矣。苟史官不绝，竹帛长存，则其人已亡，杳成空寂，而其事如在，皎同星汉。用使后之学者，坐披囊箧，而神交万古，不出户庭，而穷览千载，见贤而思齐，见不贤而内自省。若乃《春秋》成而逆子惧，南史至而贼臣书，其记事载言也则如彼，其劝善惩恶也又如此。由斯而言，则史之为用，其利甚博，乃生人之急务，为国家之要道。有国有家者，其可缺之哉！"这一段话，是从一个很重要的方面阐述了史学的功用；同时，也从一个很重要的方面阐述了人们读史的目的，即如何学做人。所谓"见贤而思齐，见不贤而内自省"两句话，高度概括了人们通过读史而学做人的根本途径。这是蕴含着一个古老而深刻的哲理："君子以多识前言往行，以畜其德"。[①]这里说的"德"，指道德、学问。"前言往行"，指前人的嘉言懿行。由此可见，是人们把道德、学问的蓄积看

① 《易·大畜·象传》，《十三经注疏》本。

作是读史、了解历史的首要目的，也就是把学做人看作是读史、了解历史的首要目的。这清楚地表明，讲人文精神，讲人的修养、自律，是不能脱离史学、脱离读史的。这个道理，在今天并不是人人都了解的，以至于常常有人提出“学习历史有什么用”的问题。表面看来，这是史学意识的淡薄；往深层看，这是关于在怎样做人的问题上反映茫然的一种表现。讲人文精神，就应该讲怎样做人；讲怎样做人，一个重要方面，就应该讲“见贤而思齐，见不贤而内自省”，就应该重视读史。

中国古代史家在对待上述这些问题上，具有很强的责任感和自觉意识，刘知幾认为：“人之生也，有贤不肖焉。若乃其恶可以诫世，其善可以示后，而死之日名无得而闻焉，是谁之过欤？盖史官之责也。”[①]在万千的历史人物中，史家应该特别关注那些“恶可以诫世，善可以示后”的人；否则，便是史家的失职。刘知幾把惩恶劝善的宗旨提升到史家作史的一个原则性问题来看待，不是没有道理的。当然，史家撰写历史，其史意内涵是丰富的、多方面的，并不只限于记述人物和评论人物，但记述人物和评论人物毕竟是作史的一个重要方面。

值得注意的是，在关于历史人物的记述与评论方面，同刘知幾的思想相通的还有另一种认识的表述形式，这就是中晚

① 刘知幾：《史通·人物》。

唐之际李翱说的“富贵而功德不著者”，不一定写入史册使其“声名于后”；反之，“贫贱而道德全者”，则应写入史册使其“恒赫于无穷”。[①]这是明确地表明以“功德”或“道德”作为重要标准，而不看重贵贱、贫富的界限。这同样洋溢着尊重人格、人品的人文精神。

四 史学中的忧患意识传统

中国古代史家历来有一种忧患意识。这种意识，主要表现为对于朝代、国家、天下的兴亡盛衰的关注，以及对社会治乱、人民休戚的关注。一言以蔽之，表现为对于人和人生活于其中的社会之命运的关怀。这是同史学的本质与功能密切相关的，也是史学中人文精神的最集中的表现。这是因为，史学家对于历史的认识，往往是和对于现实的认识联系起来，故而从史学家对于历史和现实的认识来看，常常反映出他们对于社会的前途、命运的忧患意识，这在很大程度上成为他们决心致力于历史撰述的一个思想基础。孟子说：“世衰道微，邪说暴行有作，臣弑其君者有之，子弑其父者有之。孔子惧，作《春

① 董诰等编：《全唐文》卷六三五。

秋》。”[①]这就反映了孔子作《春秋》时的一种忧患意识。司马迁撰述《史记》的时候，他对汉武帝统治下的社会前途表现出种种忧虑。人们读《史记·平准书》可以看到极盛时期的汉武帝统治面临着许多新问题，显示出作者的忧患意识是多么的深沉，也会感到司马迁对于“宗室有土公卿大夫以下，争于奢侈，室庐舆服僭于上，无限度”的时尚的深深忧虑。

司马迁处在西汉由鼎盛开始走向衰落的时期，他的深邃的历史眼光使他看到了这一变化，故而发出了“物盛而衰，固其变也”的感叹。唐代史学家吴兢也有大致相仿的经历。吴兢生活在唐代武则天至唐玄宗时期，他目睹了“开元盛世”的局面，同时也敏感地觉察到唐玄宗开元后期滋生起来的政治上的颓势。于是，他写出了著名的《贞观政要》一书。此书以《君道》开篇，以《慎终》结尾，反映出这位被当时人誉为董狐式的史学家的忧患意识。《贞观政要》这部书在晚唐以后的历代政治生活中产生了一定影响。唐宣宗曾经“书《贞观政要》于屏风，每正色拱手而读之”。[②]辽、金、元、清四朝的最高统治者，都曾把《贞观政要》译成本民族文字，认真披览。

这里，我们要特别提到两宋史家的忧患意识。两宋史家的

① 《孟子·滕文公下》。

② 司马光：《资治通鉴》卷二四八，唐宣宗大中二年。

忧患意识，既有史家忧患意识传统的影响，又有时代情势的激发，因而显得十分突出。

北宋立国，积贫积弱，士大夫阶层的忧患意识显得格外凝重。范仲淹在《岳阳楼记》中写出了这种忧患意识的深沉的境界，他写道：

> 嗟夫！予尝求古仁人之心，或异二者之为，何哉？不以物喜，不以己悲，居庙堂之高，则忧其民；处江湖之远，则忧其君：是进亦忧，退亦忧。然则何时而乐耶？其必曰：先天下之忧而忧，后天下之乐而乐！[①]

这种“进亦忧，退亦忧”，“先天下之忧而忧，后天下之乐而乐”的意识与境界，对当时和后世都有很大的影响，《岳阳楼记》因此而成为千古不朽的名篇。

王安石是继范仲淹之后的一位改革家，他在推行变法之前的一份《上皇帝万言书》中，分析了当时种种社会矛盾，披露了他的重重忧虑。《上皇帝万言书》提出的社会问题是：

---

① 范仲淹：《范文正公集》卷七，四部丛刊初编本，上海书店1989年版。

顾内则不能无以社稷为忧，外则不能无惧于夷狄，天下之财力日以困穷，而风俗日以衰坏，四方有志之士，諰諰然常恐天下之久不安。[①]

值得注意的是，王安石在这里道出了“四方有志之士，諰諰然常恐天下之久不安”的忧患。

北宋史家的忧患意识正是在这样的条件下生成和发展的。同政治家比较起来，史学家的忧患意识具有更加突出的历史感，司马光《历年图序》深刻地反映了这种历史感，他写道：

今采战国以来至周之显德，凡小大之国所以治乱兴衰之迹，举其大要，集以图……凡一千三百六十有二年，离为五卷，命曰《历年图》，敢再拜稽首上陈于黼扆之前。庶几观听不劳而闻见甚博，善可为法，恶可为戒，知自古以来，治世至寡，乱世至多，得之甚难失之甚易也……《易》曰：“君子安不忘危，存不忘亡，治不忘乱。”《周书》曰：“制治于未乱保邦于未危。”今人有十金之产者，犹知爱之，况为天下富庶治安之主，以承祖

① 王安石：《王文公文集》卷一。

宗光大完美之业，呜呼，可不戒哉！可不慎哉！①

这是司马光在撰写《资治通鉴》之前所撰写的一段文字，从中可以看出，史学家同政治家对世事的忧患是相通的。司马光同王安石政见不合，而在忧患意识方面，却并无二致。宋神宗一方面任用王安石变法，一方面又慨然为司马光所主编的史书作序，并赐名为《资治通鉴》，正可表明其间的相通之处。

南宋时期，因朝代更迭、政治形势骤变而更加激发了史学家的忧患意识，他们受着“伤时感事，忠愤所激”的政治、文化氛围的影响，矢志著书，以存信史，以寄忧思，以警后人。如李焘撰《续资治通鉴长编》九百八十卷（今存五百二十卷），徐梦莘撰《三朝北盟会编》二百五十卷，李心传撰《建炎以来系年要录》二百卷，都是属于两宋之际的本朝史，都是“忧世”“泣血”之作。这个时期的另一位史学家袁枢，把编年体的《资治通鉴》创造性地改撰成纪事本末体的《通鉴纪事本末》，也寄寓了他的“爱君忧国之心，愤世疾邪之志”。故当时的诗人杨万里说：“今读子袁子此书，如生乎其时，亲见乎其事，使人喜，使人悲，使人鼓舞。未既，而继之以叹且

① 司马光：《稽古录》卷十六，王亦令点校，中国友谊出版公司1987年版。

泣也！”[1]这些话反映出史书所能产生的社会影响，也折射出史学家的忧患意识的感染力。如果说历史运动是两宋史家历史撰述的客观动因的话，那么，史家的忧患意识可以看作是两宋史家历史撰述的主观动因；当然，史家的主观动因，归根结底，还是受到时代的激励和历史传统的影响。

综上，可以做以下两点概括：第一，史家之忧，充分说明史家都是关注现实社会的前途命运的；第二，史家之忧，说到底是以社会之忧为忧，以天下之忧为忧。中国史学的这一特点，在两宋时期甚为突出。清人龚自珍说，“智者受三千年史氏之书，则能以良史之忧忧天下”[2]，是很深刻的。时下人们论人文精神，常常提到“人文关怀”“终极关怀”。这种“良史之忧”，是否就是一种“人文关怀”“终极关怀”的表现呢。

五　史学中的审美要求传统

中国古代史学有鲜明的审美要求。这种审美要求在文史不

① 杨万里：《通鉴纪事本末》叙，见袁枢《通鉴纪事本末》卷首，中华书局1964年版。

② 龚自珍：《乙丙之际箸议第九》，《龚自珍全集》第一辑，上海古籍出版社1973年版。

分的阶段表现得十分突出；后来文史分途，史学依然保持着这种审美要求。

从编年体史书的创造、发展，到纪传体史书、典制体史书、纪事本末体史书的先后出现，史书不断展现出在外在结构上的美的创造。至于在叙事上的审美要求，更是一些优秀史家所关注的。中国史家重视叙事，人们也多以“善序事理”的史家为“良史”。然而，作为史文表述来说，“善序事理”也有种种不同的表现和特点。

班彪推崇司马迁的史文表述，说他“善述序事理，辩而不华，质而不野，文质相称，盖良史之才也”。[①]所谓“善述序事理”，包含了几个方面的特点：一是善辩而不浮华，二是质朴而不粗鄙，三是内容、形式相称。后来班固继承了班彪的思想，又吸收了其他人的一些评价，写道：“……然自刘向、扬雄博极群书，皆称迁有良史之材，服其善序事理，辨而不华，质而不俚，其文直，其事核，不虚美，不隐恶”[②]，这是强调了所述内容的翔实可靠、没有粉饰之词。总的来看这两个评价，前者所强调的主要是史文的形式，后者是把史文的形式和内容都说到了，而且都有很高的评价。可见，“善序事理”，

① 范晔：《后汉书》卷四〇《班彪列传上》。

② 班固：《汉书》卷六二《司马迁传》后论。

并不仅仅是史文表述的问题。

范晔对司马迁、班固的史文加以比较和评价，写道："议者咸称二子有良史之才。迁文直而事核，固文赡而事详。若固之序事，不激诡，不抑抗，赡而不秽，详而有体，使读之者亹亹而不猒，信哉其能成名也。"[①]这里肯定了班固史文的不偏激，不抑扬，序事丰富而不庞杂，内容详赡而得体。从这里又可进一步看出，从史文去判断史家是否是"良史之才"，绝不仅仅是个文字表述问题，还包含着史家对所述内容的选择和处置，对所述史事在表述分寸上的把握。所谓"不虚美，不隐恶""不激诡，不抑抗"，都是这个意思。

西晋史家陈寿，在史学上也是被称为有"良史人才"的史家。史载，陈寿"撰《魏吴蜀三国志》，凡六十五篇。时人称其善叙事，有良史之才"。[②]唐初史家评论陈寿说："丘明既没，班、马迭兴，奋鸿笔于西京，骋直词于东观。自斯以降，分明竞爽，可以继明先典者，陈寿得之乎！"[③]根据后者的评论，或者可以认为，陈寿的"善叙事"是表现在"奋鸿笔""骋直词"这两个方面。东晋史家干宝也被称为"良

① 范晔：《后汉书》卷四〇《班彪列传下》。

② 房玄龄等：《晋书》卷八二《陈寿传》。

③ 房玄龄等：《晋书》卷八二后论。

史”。史载，干宝“著《晋纪》，自宣帝迄于愍帝，五十三年，凡二十卷，奏之。其书简略，直而能婉，咸称良史”。[1]显然，“直”是针对所述内容说的，“婉”是就史文表述说的。

从人们对马、班、陈寿、干宝的有关评价中，可以获得这样一个认识：在两汉至三国两晋南北朝时期，人们把史家的“善序事”视为“良史之才”，似已成为史学上的一个共识。而对“善序事”的理解，一般应包含对史文表述本身的要求和对史文所述内容的要求。这两个方面都做得好，才称得上是“良史之才”。

“善序事”所包含的内容很丰富，而文字表述上的造诣是其中的一个重要方面。刘知幾《史通·叙事》指出：“夫史之称美者，以叙事为先”，“夫国史之美者，以叙事为工。”这是从理论上明确了“叙事”对于撰写史书的重要，也是明确地提出了史学家审美的一个标准。宋人吴缜在史学批评上强调以“事实”为基础，但也提出史书“必资文采以行之”。[2]这是直接讲到了史书的文采问题。章学诚《文史通义·文理》对于如何发挥“文字之佳胜”的问题，更有精辟的分析。

综观古代史家、史学批评家关于这方面的言论、思想、实

① 房玄龄等：《晋书》卷八二《干宝传》。

② 吴缜：《新唐书纠谬》序。

践，史书的文字表述之美大致可以概括为以下几个方面：

真实之美。这是指史家的文字表述反映出历史之真实的本质之美。离开了历史的真实，史学就失去了根本，也失却了任何意义。班固评论《史记》，把“其文直，其事核”放在首要位置，是很有见解了。“文直”“事核”是对史学家尽力反映历史真实的具体要求，它们的结合，乃是史家走向历史撰述真实之美的必经之途。

质朴之美。用刘知幾的话来说，这是史书之文字表述对于社会的语言文字“体质素美”的反映。他举例说：“战国已前，其言皆可讽咏，非但笔削所致，良由体质素美……刍词鄙句，犹能温润若此，况乎束带立朝之士，加以多闻博古之识者也哉！则知时人出言，史官入记，虽有讨论润色，终不失其梗概者也。”[①]他赞成以“方言世语”如“童竖之谣”“时俗之谚”“城者之讴”“舆人之诵”等写入史书；不赞成史家“怯书今语，勇效昔言”的文风。

简洁之美。刘知幾提倡史文“尚简”，认为史家“叙事之工者，以简要为主”。其标准是“文约而事丰，此述作之尤美者也”。为此，史家撰述应从“省句”“省字”做起。[②]当

① 刘知幾：《史通·言语》。
② 刘知幾：《史通·叙事》。

然，从审美的观点看，史文亦非愈简愈美。顾炎武的《日知录》有《修辞》《文章繁简》两篇，提出“辞主乎达，不主乎简”的论点，是关于这个问题的辩证的看法。

含蓄之美。这是隐喻、寄寓、含义深沉之美。刘知幾称之为“用晦”。“用晦”的第一个要求，是“省字约文，事溢于句外”，这是跟史文的简洁相关联的。“用晦”的第二个要求是“言近而旨远，辞浅而义深，虽发语已殚，而含意未尽。使夫读者望表而知里，扪毛而辨骨，睹一事于句中，反三隅于字外。”①这是达到含蓄之美的很高层次了。

史文表述要达到美的要求，那么，史家是怎样朝着这些要求去努力的呢？闳中肆外和史笔飞动是史家的主要经验和基本修养。闳中肆外，是关于史家对史事的积累、认识与抒发的关系；史笔飞动，是关于对史事的“体验”与“重塑”的关系。

关于闳中肆外。章学诚强调“古人所谓闳中肆外，言以声其心之所得”的境界。②章学诚说的“古人”，是指唐代韩愈。韩愈作《进学解》，有“闳其中而肆其外”③之说，讲的是作文要求：内容充实、丰富，而文笔发挥尽致。章学诚在《文理》中发展了韩愈的这一思想，全篇阐说闳中肆外的各

① 刘知幾：《史通·叙事》。

② 章学诚：《文史通义·文理》。

③ 韩愈：《韩昌黎集》卷十二，马其昶校注本，上海古籍出版社1986年版。

方面的要求，于文于史，都是理论上的总结。章学诚说的“言以声其心之所得”这句话，是抓住了闳中肆外的本质的。换句话说，只有心有所得，方可言之于声。他批评有些人学习司马迁《史记》，只学其皮毛，“而于古人深际，未之有见”。由于自己心中无所得，这样学习的结果，“遂不免于浮滑，而开后人以描摩浅陋之习”。《史记》写人物、写战争、写历史环境，都写得好，一个重要原因，是司马迁熟悉历史人物，也有战争知识，对所写的一些历史环境做过深入的研究。这就是所谓“心之所得”。章学诚说的要见到“古人深际”，就是这个意思。

历史是运动的，历史人物、历史事件是在运动中发展的。历史撰述应当把这些运动表现出来。在这个问题上，梁启超所论甚为中肯。他说：“事本飞动而文章呆板，人将不愿看，就看亦昏昏欲睡。事本呆板而文章生动，便字字都活跃纸上，使看的人要哭便哭，要笑便笑……历史家如无此种技术，那就不行了。司马光作《资治通鉴》，毕沅作《续资治通鉴》，同是一般体裁。前者看去百读不厌，后者读一二次便不愿再读了。光书笔最飞动，如赤壁之战、淝水之战、刘裕在京口起事、平姚秦、北齐北周沙苑之战、魏孝文帝迁都洛阳，事实不过尔尔，而看去令人感动。”[1]这正是史文表述在美学上的感染力

① 梁启超：《中国历史研究法补编》，《饮冰室合集》，专集之九十九，第27～28页。

量。一般地说，历史撰述只要表现了历史的真实面貌或接近于真实的面貌，那么它就能给读者以警戒，以启迪，以智慧，以鼓舞。但是，这种感染力量在很大程度上又同史文表述有密切的关系。

六　简短的结语

一个民族，不能没有科学精神；一个社会，应该大力提倡科学精神。同样，一个民族，不能没有人文精神；一个社会，也应该大力提倡人文精神。重此轻彼或重彼轻此，都不仅会在认识上、理论上造成偏差和误区，更重要的是会在社会实践中造成损失和危害，不利于民族、国家的发展和进步。长期以来，在我国的社会生活和学校教育中，存在着重理轻文现象，虽经有识之士一再呼吁改变此种偏向，并取得了一些成效，但仍有不尽如人意之处。赋予科学与人文应有的位置，依然是我们要努力的目标。

这里，我还要提到另外一种偏向，即近二十多年来，在人文社会科学中，史学受到的轻视和误解要更多一些：有来自社会方面的，有来自自然科学方面的，甚至也有来自人文社会科学方面的。这究竟是什么原因呢？是这二十多年来史学没有成绩吗？不是。这二十多年来，中国史学所取得的成就是巨大的，许多成果都是突破性的创造。是史学在社会生活中没有发挥积极作用吗？也不是。这二十多年来，史学在关于弘扬爱国主义精神方面，在增强民族凝聚力方面，在总结历史上治国安邦的经验教训从而提供现实借鉴方面，在反击李登辉之流炮制的“两国论”和国外一小撮反华势力无理叫嚣方面，等等，都发挥了重要的不可替代的作用。此外，在历史学的学科建设尤其是学科理论建设方面，也取得了突出的进展。那么，究竟是什么原因造成上述偏向和误区呢？当然，这里的确存在着史学在新形势下如何更加有效地面向社会、面向大众、面向现实的问题，这是历史学界应当深自反思的。但是，这只是问题的一方面。另一方面，或许是更重要的方面，即现在人们的注意力和兴奋点大多在经济、市场、科技、信息等领域，人们无暇想到史学、想到史学在现今还会有什么用处等等。应当承认，这些都是十分“现实”的，不是没有几分“理由”的。然而，问题也就出在这里。一个民族，一个国家，不发展科技和经济是不可思议的。但是，一个民族，一个国家，轻视史学，从而轻视自身的历史，同样是不可思议的。试看西方发达国家，哪一个国家不重视自己的历史，不重视历史教育！对此，我们应当给予充分的关注。这是全社会应当深自反思的。

本文在这里不是要来论述史学在社会中的位置，关于这个问题，我另有专论。[①]本文只想借此机会提出一点希望：重理轻文的偏向应继续得到纠正，轻视史学的偏向应不断有所克服，史学中的人文精神应受到必要的重视。我们不能脱离客观历史运动来看待人文精神，我们也不可能撇开反映客观历史进程的史学来讨论人文精神。史学中的人文精神尚有待于做深入的发掘、系统的总结和全面的论述，以发挥其应有的作用。我的这篇文章，不过抛砖引玉而已。

（原载《求是学刊》2001年第4期）

① 瞿林东：《论史学在社会中的位置》，《史学月刊》2001年第1期。

八讲　古代史家史学批评的辩证方法

中国史学有连续性发展的特点，在史学发展的基础上所滋生、发展起来的史学批评也具有这一特点。先秦、秦、汉时期，孔子评论董狐、《左传》评论《春秋》、司马迁评论《春秋》，以及班彪、刘向、扬雄等评论司马迁《史记》等，都是对后世有很大影响的史学批评见解。魏、晋、南北朝以降，史学批评进入更加自觉的深入发展阶段。这反映在批评理论上的提升和专题评论的展开，其中不乏辩证的认识和方法，值得认真总结，以资借鉴。本文拟就唐、宋、元、明时期在史学批评方面有较大影响者，略述梗概，以就教于读者。

一　史学批评自觉意识的新发展

东晋至唐初，在中国史学上，袁宏的《后汉纪》序、范晔的《狱中与诸甥侄书》、裴松之的《上〈三国志〉注表》、刘昭的《〈后汉书〉补注志》序、魏徵等《隋书·经籍志》史部大序与诸小序等，都在不同程度上包含着史学批评的见解和方法。继而，中国史学批评史上出现了具有完整理论体系的史学批评专书，影响此后千余年史学批评的发展和史学理论的探讨，这就是杰出的史学批评家刘知幾于唐中宗景龙四年（710年）写出的《史通》一书。这是中国古代史学上第一部划时代的史学批评著作。《史通》的问世，标志着中国史学进入到一个更高的自觉阶段，以及史学思想发展和史学理论建设的新转折。

刘知幾（661—721年）于唐高宗永隆元年（680年）举进士而入仕，武则天长安二年（702年）开始担任史官，撰起居注。历任著作佐郎、左史、著作郎等职，并兼修国史，参与了《唐书》《武后实录》《姓族系录》《睿宗实录》，重修《则天实录》《中宗实录》等撰述活动。其间，他因不满武则天和唐中宗时史馆修史的紊乱和监修贵臣们对修史的横加干涉，曾在中宗景龙二年（708年）毅然辞去史职，“退而私撰《史通》，以见其志”。[1]

刘知幾的史学批评意识，得力于他在史学上的修养。他自称：“自小观书，喜谈名理，其所悟者，皆得之襟腑，非由染

① 刘知幾：《史通·自叙》。

习……其有暗合于古人者，盖不可胜纪。始知流俗之士，难与之言。凡有异同，蓄诸方寸。”[①]这说明他在史学批评上有多年的积累。他的史学批评意识，因亲身感受武则天、唐中宗时史馆修史活动的混乱与低效而更加强烈和自觉。他深沉地写道：

既朝廷有知意者，遂以载笔见推。由是三为史臣，再入东观。每惟皇家受命，多历年所，史官所编，粗惟纪录。至于纪传及志，则皆未有其书。……凡所著述，尝欲行其旧议。而当时同作诸士及监修贵臣，每与其凿枘相违，龃龉难入。故其所载削，皆与俗浮沈。虽自谓依违苟从，然犹大为史官所嫉。嗟乎！虽任当其职，而吾道不行；见用于时，而美志不遂。郁怏孤愤，无以寄怀。必寝而不言，嘿而无述，又恐没世之后，谁知予者。故退而私撰《史通》，以见其志。[②]

这里，最重要的一句话是“凡所著述，尝欲行其旧议”。所谓“旧议”，即是他多年积累的对于以往历史撰述的一些“得

① 刘知幾：《史通·自叙》。
② 刘知幾：《史通·自叙》。

之襟腑”的独到见解。他试图按照这些见解，撰写包含纪、传、志的唐史。但他的这个希望屡屡受挫，终于发出了“吾道不行”“美志不遂”的感叹。这就更加促使他决心把批评的思想变成批评的行动。他上书监修国史萧至忠等，备言国史之修面临着“五不可”，即：史官泛滥，簿籍难见，权门干预，十羊九牧，坐变炎凉，以致“头白可期，而汗青无日”。[①]可见此时的史馆跟太宗、高宗时相比，实有天壤之别。刘知幾感叹之余，愤然辞去史职，写出了千古名作《史通》，因此也成就了一个史学批评家的不朽业绩。

二　怎样看待同一史事的不同评论

《史通》一书的史学批评重在从历史编纂着眼，但却涉及广泛的领域，论者多有阐述。这里，仅就刘知幾在《史通》中提出在史学批评方面具有普遍性的一个问题进行探讨，即为什么对同一史事会有不同的评论。《史通》中的《鉴识》篇和《探赜》篇，是刘知幾集中阐述史学批评理论与方法的专文，因涉及一些实例，读来不觉枯燥，饶有兴味。《鉴识》篇以评论人物开篇，随即转向评论史传。刘知幾写道：

① 刘知幾：《史通·忤时》。

物有恒准，而鉴无定识，欲求铨核得中，其唯千载一遇乎！况史传为文，渊浩广博，学者苟不能探赜索隐，致远钩深，乌足以辩其利害，明其善恶。

这里，刘知幾提出了“物有恒准，而鉴无定识”的命题。意思是说，事物自身本有一定的尺度，而人们对它的审察、评论往往是不一样的。他认为，这种情况是由人们的学识、思想的差异造成的，所以才会出现对于同一事物的“毁誉以之不同，爱憎由其各异”的现象。因此，他提出了“探赜索隐，致远钩深”的重要，认为这是“辩其利害，明其善恶”的关键。

刘知幾把“鉴识”同“探赜”联系起来，从认识论上阐述了史学批评是一件严肃而又艰难的事情。这就是说，在史学批评问题上，人们只有通过“探赜”，才能达到“鉴识”。这涉及史学批评中主体修养与正确认识客体之间的关系。[①]

刘知幾认为“欲求铨核得中，其唯千载一遇乎”，这是极而言之。他说的“世缺知音”，显然是受了刘勰讲的“逢其知

① 浦起龙《史通通释》按语称：《鉴识》篇是“人之辨史”，《探赜》篇是“论论史”。他说的“史”，前者指客观历史，后者指的是史书。这说明浦起龙是深于这两篇论旨的。参见《史通》，第206、213页。

音，千载其一”[1]的影响。这正是刘知幾《探赜》篇所要论述的主旨。

《探赜》篇首先指出评论的失误会造成不良的后果，这就是：“前哲所作，后来是观，苟失其指归，则难以传授。而或有妄生穿凿，轻究本源，是乖作者之深旨，误生人之后学，其为谬也，不亦甚乎！”如果评论曲解了作者的思想而贻误后学，这是双重的错误，自应是不良后果中最为严重的。这些话，反映出了刘知幾对于评论的严肃态度。

根据刘知幾的概括，史学批评大致有以下三种误区。

一是猜度。刘知幾针对孙盛“称《左氏春秋》书吴、楚则略，荀悦《汉纪》述匈奴则简，盖所以贱夷狄而贵诸夏”的说法，认为这是“强为庸音，持为足曲”的做法。刘知幾从春秋时期“诸国错峙，关梁不通”的历史实际，说明“史官所书，罕能周悉”，同汉代“四海一家”史官所具备的条件是不可等量齐观的。他又举出《左传》详载戎子驹支、长狄、郯子之事，证明《左传》并不是要通过记载之略以表示“贱夷狄”的思想。他还指出《汉纪》取材于《汉书》，“其取事也，中外一概，夷夏皆均”并不是有意于“独简胡乡，而偏详汉室”。

① 刘勰：《文心雕龙·知音》，周振甫注，人民文学出版社1981年版，第517页。

刘知幾对孙盛的批评，不仅有历史的和史学上的根据，而且也反映出他在“夷夏”问题上的一贯见解。《史通·称谓》说：西晋末年，“戎、羯称制，各有国家，实同王者”，而晋朝史臣们“党附君亲，嫉彼乱华，比诸群盗”，是一种“苟徇私忿，忘夫至公”的做法。这是刘知幾在史学批评上表现出来的民族问题方面的卓识。

二是穿凿。葛洪评论《史记》说：“司马迁发愤作《史记》百三十篇，伯夷居列传之首，以为善而无报也；项羽列于本纪，以为居高位者非关有德也。”[①]刘知幾认为这属于“强为其说”。他指出，司马迁著《史记》，“驰骛今古，上下数千年”，春秋时期以前，得其遗事者，只有伯夷、叔齐二人；作者“考其先后，随而编次”，属于常理，有什么奇怪的呢？他进而论证说，如果一定要认为司马迁是以“善而无报，推为传首”，那么《史记》所记伍子胥、大夫种、孟轲、墨翟、屈原、贾谊等人，为什么作者不“求其品类，简在一科”呢？刘知幾从客观历史和史书编次两个方面批评葛洪，所驳甚是。至于刘知幾批评葛洪所谓“项羽列于本纪，以为居高位者非关有德也”的说法，可谓是非参半。所谓是者，刘知幾认为司马迁并不是以此来“怨刺”汉武帝；所谓非者，刘知幾认为司

① 刘知幾：《史通·探赜》征引。

马迁以项羽列为本纪，正是他的“纰缪”之一，又“何必有凭”。这是他拘于史例而不察司马迁著述之深意所致。刘知幾曾为《汉书》为吕后立纪做了解释，说是“吕宗称制，故借其岁月，寄以编年”。[①]这无疑是对的，而《汉书》之前，《史记》为项羽立本纪已经做这样的处置了。按大致相同的道理，司马迁为项羽立本纪，是因为项羽“将五诸侯灭秦，分裂天下而封王侯，政由羽出，号为‘霸王’，位虽不终，近古以来未尝有也”。[②]根据同样的道理，《史记》还列了《秦楚之际月表》的专篇。故刘知幾的“纰缪”之说，既不能完全澄清葛洪之误，又不足以使后人信服，因为刘知幾也难以摆脱“穿凿”。仅此一点而论，或可说明“知音其难”，“欲求铨核得中，其唯千载一遇”。这也说明，史学批评的误区是极难避免的。

三是凭虚。隋朝内史李德林在北齐时，曾就《齐书》起元（纪年之始）一事与魏收进行讨论，有书信往还。他在答魏收书中有一句话是：“陈寿，蜀人，以魏为汉贼。宁肯蜀主未立，已云魏武受命乎？”[③]刘知幾把此事概括为：“隋内史李

① 刘知幾：《史通·鉴识》。
② 司马迁：《史记》卷七《项羽本纪》。
③ 魏徵等编：《隋书》卷四二《李德林传》。

德林著论，称陈寿，蜀人，其撰《国志》（《三国志》——引者注），党蜀而抑魏。刊之国史，以为格言。”刘知幾是尊汉的，认为刘备“方诸帝王，可比少康、光武；譬以侯伯，宜辈秦缪、楚庄”，可是陈寿的评论“抑其所长，攻其所短”。他还认为，曹操是“罪百田常，祸千王莽”式的人物，曹丕也不是像样的君主，而陈寿对他们的评论，“皆依违其事，无所措言”。刘知幾的结论是：《三国志》“曲称曹美，而虚说刘非，安有背曹而向刘，疏魏而亲蜀也？”陈寿本是蜀汉臣子，后为西晋史官。他撰《三国志》，于蜀、魏关系的处置上，颇为棘手。但西晋“受禅”于魏，故《三国志》以魏为“正朔之国”，在当时实别无选择。他从《魏书》《蜀书》《吴书》分记三国史事，而于《蜀书》中称刘备为先主、刘禅为后主。这在历史编纂上确是一个创举，也隐约可见其不忘曾是蜀汉之臣的心迹。这些都是客观事实。刘知幾尊汉情重，对此缺乏冷静分析，故认为陈寿“曲称曹美”，“虚说刘非”，似有未妥。李德林从正统观念出发，也是尊汉的，认为“汉献帝死，刘备自尊崇”，陈寿既为蜀人，必当“以魏为汉贼”。可是李德林的说法，在《三国志》中实难找到有力证据，所以刘知幾批评他是“无其文而有其说，不亦凭虚亡是者耶”。应当承认，刘知幾对李德林的批评在总的结论上是对的，而他在批评李德林中涉及对陈寿的许多指摘，有些是难以成立的，以致不免也有凭虚之嫌。同时，这也使他陷于在陈寿评价上发生自相矛盾的困境。刘知幾在《史通·史官建置》中指出，为史之道，其流有二："当时草创者，资乎博闻实录，若董狐、南史是也；后来经始者，贵乎俊识通才，若班固、陈寿是也。"董狐、南史自不待言，班固也是备受刘知幾推崇的史家，陈寿能与他们并列，实在是非同小可之事。然而他在《史通·探赜》中，其地位又跌落到如此地步。陈寿其人其书未变，而是刘知幾陷入了一个《史通·探赜》所没有说到的误区——抵牾。

上述种种误区，带有举例的性质，尚难以概括这一问题的全貌。史学批评的目的，是为了鉴别历史撰述在史事、思想、体裁、体例、文字表述等方面的高下优劣，考察史家的素养、职责和成就，探索史学在社会中究竟起了何种作用，以辨明得失，总结经验，推进史学的发展。《史通·自叙》说："《史通》之为书也，盖伤当时载笔之士，其义不纯。思欲辨其指归，殚其体统。"又说："夫其为义也，有与夺焉，有褒贬焉，有鉴诫焉，有讽刺焉。其为贯穿者深矣，其为网罗者密矣，其所商略者远矣，其所发明者多矣。"他的这些话，或有自我评价过高之嫌，但绝非有意自夸之辞，其诚恳愿望、良苦用心，流露于字里行间。然而欲达此崇高目的，则必须有正确的史学批评。倘若批评陷入误区，那就使任何良好愿望都付之东流，甚至会给史学发展造成新的障碍。从这一点来看，刘知幾在《史通》中撰《鉴识》《探赜》两篇，尤其寄有深意。

那么，史学批评怎样才能不陷入或尽可能少地陷入这种种误区呢？刘知幾在《鉴识》篇开篇时提出的“物有恒准，而鉴无定识”的命题，对于强调批评者应重视鉴识的锤炼，是有理论和实践意义的。他引用“探赜索隐，致远钩深”的古训，作为人们提高鉴识水平的途径，也是有方法论的价值的。他在《探赜》篇中写道：“明月之珠不能无瑕，夜光之璧不能无颣，故作者著书，或有病累。而后生不能诋诃其过，又更文饰其非。”这是指出了史学批评中应取辩证的态度，不苛求也不掩饰前人。此篇末了又写道：“考众家之异说，参作者之本意，或出自胸怀，枉申探赜；或妄加向背，辄有异同。”这是总结了史学批评往往是在众说纷纭中展开的，而其最基本的方法是要“考众家之异说，参作者之本意”，以寻求正确的评价，避免发生“出自胸怀”“妄加向背”等错误。他的这些认识，结合他在一些具体的评论中提出的见解，大致反映了刘知幾关于如何开展正确的史学批评的理论和方法。

三　怎样看待不同史书体裁的长短

史学批评在具体问题上的歧异，对不同史书体裁的不同认识是一个突出的事例。这里，我们可以举《史通·二体》为例，进一步说明刘知幾在史学批评方面的辩证方法。比如，中国古代史学家对编年体史书和纪传体史书孰优孰劣的辩难，经过几番深入的思考和长期的争论，大致形成了三种看法。

第一种看法认为编年体优于纪传体。如东晋史家干宝“盛誉丘明而深抑子长”，其根据是《左传》一书“能以三十卷之约，括囊二百四十年之事，靡有遗也”。[①]这是以文字的多寡来判断编年、纪传的优劣。唐玄宗时，朝臣裴光庭提出，纪传体改变了《春秋》的体裁，“既挠乱前轨，又聋瞽后代。《春秋》之义，非圣人谁能修之”。[②]他进而倡议：“撰《续春秋经传》，自战国讫隋，表请天子修经，光庭等作传。”[③]他的这个荒唐的主张，竟然受到唐玄宗的赏识，然其计划并未实现，也不可能实现。这时，还有一位文史学家萧颖士，也积极

① 刘知幾：《史通·二体》。

② 董诰等编：《全唐文》卷二九九《请续修春秋表》。

③ 欧阳修等：《新唐书》卷一〇八《裴行俭传》附《裴光庭传》，中华书局1975年版。

提倡编年体，他说：“仲尼作《春秋》，为百王不易法，而司马迁作本纪、书、表、世家、列传，叙事依违，失褒贬体，不足以训。”于是，他“乃起汉元年讫隋义宁编年，依《春秋》义类为传百篇”。[①]萧颖士撰的编年体史书未能流传下来，而他说的《史记》“失褒贬体”，强调“《春秋》大义”，这确是一些赞成编年体的史家批评司马迁的主要原因。唐德宗时，出身于史官世家的柳冕强调说：“（司马）迁之过，在不本于儒教、以一王法，使杨朱、墨子得非圣人。”又说：“求圣人之道，在求圣人之心，求圣人之心，在书圣人之法。法者，凡例、褒贬是也，而迁舍之。《春秋》尚古，而迁变古，由不本于经也。”[②]柳冕出身于史学世家，这种看法自有一定的代表性，他所看重的是史家的价值判断。

第二种看法跟第一种看法相反，认为纪传体优于编年体。《后汉书》作者范晔在讲到他为什么采用纪传体撰史时，对《春秋》提出大胆的批评，指出：“《春秋》者，文既总略，好失事形，今之拟作，所以为短。纪传者，史、班之所变也，网罗一代，事义周悉，适之后学，此焉为优，故继而

① 欧阳修等：《新唐书》卷二〇二《艺文志》中。

② 姚铉：《唐文粹》卷八二《答孟判官论宇文生评史官书》，明嘉靖刻本。

述之。”[①]所谓“网罗一代，事义周悉”，是说纪传体能够容纳广泛的史事，能更全面地反映作者的历史思想。唐初史家所修前朝八史，都采用纪传体。他们批评《晋纪》作者干宝和《晋阳秋》作者孙盛“有良史之才，而所著之书惜非正典”。[②]《晋纪》和《晋阳秋》都是编年体史书。在唐初史家看来，编年体史书写得再好，也不能视为“正典”即所谓“正史”。这反映了唐初史家的看法。针对前人批评司马迁“变古法”“不本于经”“失褒贬体”等论点，唐代后期学者皇甫湜撰写《编年纪传论》予以驳难。这是一篇略带总结性的文字，兹节录如下：

论曰：古史编年，至汉史司马迁始更其制而为纪传，相承至今，无以移之。历代论者，以迁为率私意，荡古法，纪传烦漫，不如编年。予以为合圣人之经者，以心不以迹，得良史之体者，在适不在同。编年、纪传，系于时之所宜、才之所长者耳，何常之有！故是非与众人同辩，善恶得圣人之中，不虚美，不隐恶，则为纪、为传、为编年，是皆良史矣……今之作者，苟能遵纪传之体裁，同《春

① 魏徵等编：《隋书》卷五八《魏澹传》。

② 房玄龄等：《晋书》卷八二后论。

秋》之是非，文敌迁、固，直踪南、董，亦无上矣。倘谬乎此，则虽服仲尼之服，手握绝麟之笔，等古人之章句，署王正之月日，谓之好古则可矣，顾其书何如哉？[1]

在关于编年、纪传孰优孰劣的辩难文字中，这是较精彩的一篇。它首先肯定，不论编年、纪传，只要做到“是非与众人同辨，善恶得圣人之中，不虚美，不隐恶”，都可以成为良史。这就比一般参与辩难的史家看得更全面一些，立论的起点更高一些。作者还指出了编年体史书“多阙载，多逸文”的缺点和司马迁“出太古之轨，凿无穷之门”，创立纪传体的合理性。作者最后强调了不懂得继承创新，只是简单地模仿古人的史家，是不会有什么作为的。总之，这一篇文章从理论上说明了纪传体的产生及其存在的合理性。

第三种看法认为编年、纪传各有得失，不可偏废。较早提出这种看法的是南朝梁人刘勰，他在《文心雕龙·史传》中写道：“观夫《左氏》缀事，附经间出，于文为约，而氏族难明。及史迁各传，人始区分，详而易览，述者宗焉。”其后刘知幾撰《史通》，作《二体》篇置于《六家》篇之后，他不赞成编年、纪传“惟此二家，各相矜尚”的做法，主张“辨其利

① 李昉等编：《文苑英华》卷七四二。

害”，以便使治史者有所遵循。他认为编年体的长处是，“系日月而为次，列时岁以相续，中国外夷，同年共世，莫不备载其事，形于目前。理尽一言，语无重出”。它的短处是，其记述人物时，“论其细也，则纤芥无遗；语其粗也，则丘山是弃”。他认为纪传体的长处是，“纪以包举大端，传以委曲细事，表以谱列年爵，志以总括遗漏，逮于天文、地理、国典、朝章，显隐必该，洪纤靡失”。它的短处是，“同为一事，分在数篇，断续相离，前后屡出”；“编次同类，不求年月，后生而擢居首帙，先辈而抑归末章”。刘知幾的这些话，是分别针对《左传》和《史记》说的。他的结论是：“考兹胜负，互有得失”，“欲废其一，固亦难矣”。因此，他主张编年、纪传“各有其美，并行于世”。刘知幾的这些看法，比起前两种看法来说，确有高屋建瓴之势，因而也就跳出了“唯守一家”的窠臼。这也反映了刘知幾的卓识。这种史学批评的辩证方法，在刘知幾以后的一些有影响的史学家那里，都有突出的反映。

四　怎样看待历史撰述中诸因素的关系

刘知幾论史馆修史有许多难处，谓之“五不可”。这只是从修史活动中人们相互关系着眼的。其实，修史之难，更难在历史撰述自身的种种要求。当然，这同修史活动中人们相互关系是否协调是密切相关的。

宋代史家吴缜撰《新唐书纠谬》，认为“作史之难”是一个事实，他进而对史家在历史撰述活动中的具体要求也作了明确的阐述。尤其难得的是，他是中国史学上较早对“事实”作了理论说明的史学批评家，同时也合理地阐述了事实、褒贬、文采之间的相互关系。他这样写道：

> 史之要有三：一曰事实，二曰褒贬，三曰文采。有是事而如是书，斯谓事实。因事实而寓惩劝，斯谓褒贬。事实、褒贬既得矣，必资文采以行之，夫然后成史。至于事得其实矣，而褒贬、文采则阙焉，虽未能成书，犹不失为史之意。若乃事实未明，而徒以褒贬、文采为事，则是既不成书，而又失为史之意矣。[1]

这一段话，阐述了“事实”“褒贬”“文采”这三个方面之于史书的相互关系，而尤其强调了事实的重要。其理论价值在于：首先，吴缜给“事实”做了明确的定义：“有是事而如是

① 吴缜：《新唐书纠谬》序。

书，斯谓事实。”意思是说，客观发生的事情，被人们“如是”地按其本身的面貌记载下来，这就是“事实”，或者说这就是历史事实。他不是单指客观发生的事情，也不是单指人们主观的记载，而是指的客观过程和主观记载的统一，这是很深刻的见解。其次，吴缜认为，事实、褒贬、文采这三个方面因素对于史家撰写史书来说，不仅有逻辑的联系，而且也有主次的顺序。这就是“因事实而寓惩劝，斯谓褒贬”。有了事实和褒贬，即有了事实和史家对于事实的评价，“必资文采以行之，夫然后成史”。吴缜说的事实、褒贬、文采，可能得益于刘知幾的“史才三长”论。它们的区别是：在理论范畴上，后者要比前者内涵丰富和恢廓；在概念的界定上，前者要比后者显得明确。再次，吴缜认为，“为史之意”的根本在于“事得其实”，褒贬和文采都必须以此为基础。反之，如“事实未明”，则“失为史之意”，褒贬、文采也就毫无意义了。吴缜对《新唐书》的“纠谬”究竟如何，自应做具体分析，而他关于事实、褒贬、文采之对于史书关系的辩证认识，乃是中国史学批评史上的新发展。

五　怎样看待史书的内容、形式及历史条件

宋人郑樵撰《通志》一书，其《总序》对“会通之义”“会通之旨”再三致意，继承和发展了司马迁“通古今之变”的思想。如果说郑樵的会通思想主要是在阐发和继承司马迁的“通古今之变”的思想传统，是因为《通志》也是纪传体史书的话，那么从历史撰述内容着眼，分别对杜佑《通典》、司马光《资治通鉴》的会通旨趣做出分析和评论，则是由元初史家马端临完成的。马端临以《文献通考》这一巨著和他对《通典》《资治通鉴》的精辟评论，奠定了他在中国历史编纂学史和史学批评史上的重要地位。

《通典》面世后四百余年、《资治通鉴》面世后二百余年，马端临于元大德十一年（1307年）撰成《文献通考》三百四十八卷，他在此书的序言中对《通典》《资治通鉴》二书，做了在他那个时代极好的比较和中肯的评论。马端临评论《资治通鉴》时这样写道：

> 《诗》《书》《春秋》之后，惟太史公号称良史，作为纪、传、书、表，纪、传以述理乱兴衰，八书以述典

章经制，后之执笔操简牍者，卒不易其体。然自班孟坚而后，断代为史，无会通因仍之道，读者病之。至司马温公作《通鉴》，取千三百余年之事迹，十七史之纪述，萃为一书，然后学者开卷之余，古今咸在。然公之书详于理乱兴衰，而略于典章经制，非公之智有所不逮也，编简浩如烟埃，著述自有体要，其势不能以两得也。窃尝以为理乱兴衰，不相因者也，晋之得国异乎汉，隋之丧邦殊乎唐，代各有史，自足以该一代之始终，无以参稽互察为也。典章经制，实相因者也，殷因夏，周因殷，继周者之损益，百世可知，圣人盖已预言之矣。爰自秦汉以至唐宋，礼乐兵刑之制，赋敛选举之规，以至官名之更张，地理之沿革，虽其终不能以尽同，而其初亦不能以遽异。如汉之朝仪、官制，本秦规也，唐之府卫、租庸，本周制也，其变通张弛之故，非融会错综，原始要终而推寻之，固未易言也。其不相因者，犹有温公之成书，而其本相因者，顾无其书，独非后学之所宜究心乎！①

由上文看，马端临对“断代为史”的看法，与郑樵是一致的。他的新贡献是对历史中“相因”与“不相因”的现象做了阐

① 马端临：《文献通考》序。

述，实则也为《文献通考》之作申其大意，即“其本相因者，顾无其书，独非后学之所宜究心乎”。于是马端临对《通典》做了如下评论：

> 唐杜岐公始作《通典》，肇自上古，以至唐之天宝，凡历代因革之故，粲然可考……今行于世者，独杜公之书耳。天宝以后盖阙焉。有如杜书纲领宏大，考订该恰，固无以议为也。然时有古今，述有详略，则夫节目之间，未为明备，而去取之际，颇欠精审，不无遗憾焉。[①]

在马端临看来，司马迁《史记》在内容上包含了“理（治）乱兴衰”和“典章经制”两个方面的内容，而《通典》和《资治通鉴》正是分别继承、发展了《史记》的这两个方面的撰述内容，并分别给予很高的评价。值得注意的是，马端临的评论提出了历史编纂上的三个理论问题。

第一，史书体裁和史书内容的一致性。马端临认为，《资治通鉴》“详于理乱兴衰，而略于典章经制”，并非司马光“之智有所不逮”，而是因为“简编浩如烟埃，著述自有体要，其势不能以两得也”，这就是说，一定的史书体裁所撰述

① 马端临：《文献通考》序。

的历史内容，本有其一定的规定性。

第二，时代不同，社会生活的方方面面繁简有异，这必然影响到历史撰述内容的详略。马端临称赞《通典》“纲领宏大，考订该恰”，同时又指出它“节目之间未为明备，而去取之际颇欠精审”，这是因为“时有古今，述有详略”的缘故。他举田赋、土贡等实际的社会生活为例，说明后出之书，理当详于前出之书，实际上是揭示了史书内容随着历史的发展由略而详的规律。

第三，治乱兴衰，多由具体原因所致，它们之间是“不相因”的；而典章经制，代代沿袭，它们之间是“相因”的。在这个问题上，马端临所言与郑樵略有不同，从本质上看，治乱兴衰还是有共同之处可以探讨的；而典章制度在相因之中也必有相革之处。“相因”“不相因”不应做绝对的看待。马端临关于史书内容的侧重面与史书体裁的抉择有密切关系，而史书内容的详略又与不同的历史条件相关联的认识，不仅反映了他在史学批评上对前贤的理解和宽容，而且凸现了他的史学思想中辩证的因素。

六　怎样看待不同类型史书的得失

以上所论，大致说来，是史学批评中几个相对来说比较具体的问题。但是，在中国古代史学批评史上，还存在一些比较宏观的问题。例如，如何从广泛的意义上对不同类型的史书做总体上的评价，这要求史家具有高度概括的能力和卓越的见识。明代史学家王世贞就国史、野史、家史的是非得失，阐述了精辟的见解。他说：

国史人恣而善蔽真，其叙章典、述文献，不可废也；野史人臆而善失真，其征是非、削讳忌，不可废也；家史人腴而善溢真，其赞宗阀、表官绩，不可废也。[①]

这一段话，明确地指出了国史、野史、家史各自所存在的局限及其最终“不可废”的主要原因，其言简意赅，可谓史学批评中的宏论。王世贞所论，在史学史上都是存在的客观事实。如刘知幾“三为史臣，再入东观，竟不能勒成国典，贻被后来者”，固有“五不可”之感叹，其中就有“十羊九牧，其令难行；一国三公，适从何在”[②]之难。刘知幾参与修《武后实录》，“有所改正，而武三思等不听”。[③]韩愈主

① 王世贞：《弇山堂别集》卷二十《史乘考误》引言，中华书局1985年版。

② 刘知幾：《史通·忤时》。

③ 欧阳修等：《新唐书》卷一三二《刘子玄传》。

持修《顺宗实录》，因涉及“禁中事”，牵连宦官，引起宦官集团的强烈不满，终于导致史臣对《顺宗实录》的修改，删去了“禁中事”。[①]这些都是“人恣而善蔽真”的反映。又如宋人洪迈《容斋随笔》仅凭私家笔记所记三件史事不确，便断言“野史不可信”[②]，显然失于偏颇。刘知幾《史通·杂述》篇列举十种“偏记小录之书”，虽一一指出其缺陷，但仍认为“书有非圣，言多不经，学者博闻，盖在择之而已”。近代史学名家陈寅恪治隋唐史，旁征博引，涉及多种唐人野史笔记，阐发诸多宏论，可证野史之“不可废”。再如家史问题，这曾经是引发魏收《魏书》风波的根源之一，使其被诬为“秽史”。而“诸家子孙”把《魏书》“号为‘秽史’”的原因，或是“遗其家世职位”，或是“其家不见记录”，或是家族地望不确等。《魏书》的修改，亦仅限于此。[③]这件事表明，史家依据“家史”为史料来源之一，对此应格外谨慎；而有关的“诸家子弟”或许确有可信材料应当受到重视。当然，“秽史”之论由此而起，在史学史上是应当予以澄清的。

总之，王世贞所论包含着在史学批评方法论上的辩证认

① 瞿林东：《韩愈与顺宗实录》，见《唐代史学论稿》，第305～315页。

② 洪迈：《容斋随笔》卷四，上海古籍出版社1978年版。

③ 李百药：《北齐书》卷三七《魏收传》，中华书局1972年版。

识，反映了王世贞思想的深刻。他所总结的“人恣而善蔽真”“人臆而善失真”“人腴而善溢真”的三种情况及其有关的概念，尤其具有理论意义。仍有借在中国古代史学批评史上，这是经过漫长的道路和反复的认识才能达到的思想境界。清代史家章学诚在《文史通义·书教》篇中，记述史书体裁之辩证发展的规律，更是把史学批评中的辩证方法推向一个新的阶段，因史学界已有专文讨论，此处不再赘述。辩证方法是，史学批评中的重要方法，古代史家所提供的思想资料和批评例证，在今日的史学批评中，仍有借鉴、参考价值。

（原载《求是学刊》2010年第5期）

九讲　论史学在社会中的位置

21世纪已经到来，人类历史开始了又一个新的百年的征程。中国社会以前所未有的面貌和姿态迎接新世纪的到来，参与新世纪的建设。中国史学作为文化事业的一部分，随着中国社会前进的步伐，步入21世纪。作为一个史学工作者，此时此刻想得最多的一个问题，其实也是一个老问题，那就是：史学在社会中的位置。

这些年来，人们重视发展经济，重视科学技术，无疑是顺乎历史潮流的。与此同时，人文社会科学自亦应有合适的位置。这里说的合适的位置，一是指它应有的位置，二是指它实际上是否处在应有的位置之上。对于其他学科的情况，不可妄说；对于史学来说，它在社会中所应有的位置和实际所处的位置，恐怕是值得认真思考、认真对待的一个重要问题。其所以重要，一则是这个问题的性质非常重要，二则是这些年来史学被人们误解得太多、太深。这两点，不讨论清楚，其消极影响当不仅仅是关系到史学的发展，还会涉及社会的发展。兹事重大，不可轻视，更不可忽视，乃旧题新议，陈述浅见，愚者千虑，或有一得，借以祝福步入21世纪的中国史学前程远大，为社会进步做出新的贡献。

一　一个有长久传统的重要话题

史学在社会中应处于怎样的位置？这是一个有古老传统的话题。古人虽然没有用这样的语言来表述它，但他们的所言所作，往往都表明了他们对于这个问题的关注和意向。

在久远的古代，史学在社会中的位置，突出地表现为它对于政治统治的重要。譬如，所谓“君举必书，书而不法，后嗣何观？”。[①]这里一方面说明了史官的职责和记事的原则，一方面说明应让后人读到合乎“法度”的历史记载，而更重要的是使当时的“君”懂得自律，谨慎地处理政事和其他事务，以保证社会的稳定和发展。由此我们可以懂得孟子说的这句话的含义：“《春秋》，天子之事也。”[②]其意谓撰写史

① 《左传·庄公二十三年》。

② 《孟子·滕文公下》。

书，必然包含对有的人和事或是赞扬，或是指摘，使人们有所警示。在西周，这是天子主持下史官们要做的事情。春秋时期，“礼崩乐坏”，“孔子惧，作《春秋》”，并说：“知我者其惟《春秋》乎！罪我者其惟《春秋》乎！”①可见从天子主持撰写史书，到诸侯主持撰写史书，再到孔子以私人身份撰写史书，其中贯串着一个基本思想，即史书对于社会生活特别是对于政治统治的重要意义。到了司马迁所处的时代即西汉前期，司马迁对《春秋》的认识是“《春秋》辩是非，故长于治人”。“《春秋》以道义”；“拨乱世反之正，莫近于《春秋》”。②司马迁强调了“辩是非”、“治人”、“道义”、拨乱反正等等，把《春秋》的社会作用阐述得更加清晰了，其主旨则仍在于政治统治的原则。

但是，在这个问题上，司马迁还是提出了新的认识，他指出：“居今之世，志古之道，所以自镜也，未必尽同。帝王者各殊礼而异务，要以成功为统纪，岂可绲乎？”③司马贞“索引”解释此话的核心思想是：“言居今之代，志识古之道，得以自镜当代之存亡也。”以历史为“鉴”的思想，至晚在西

---

① 《孟子·滕文公下》。

② 司马迁：《史记》卷一三〇《太史公自序》。

③ 司马迁：《史记》卷一八《高祖功臣侯者年表》。

周的政治家那里已经十分明确和深刻；司马迁所说的“自镜”是以“居今之世，志古之道”为前提，可见他是就史学的社会作用来说明“自镜”的价值的。人们从历史与现实的关系中，进而认识到史学与社会的关系，表明了人们史学意识的深化。

诚然，人们的史学意识，随着史学的发展而发展，随着史学与社会关系的更加密切而不断深化。隋及盛唐时代，这种发展和深化又达到一个新的阶段。在魏晋南北朝史学多途发展的基础上，唐初史家把史书分为十三类，即正史、古史、杂史、霸史、起居注、旧事、职官、仪注、刑法、杂传、地理、谱系、簿录，并对每类史书都说明其性质、源流、著述成就。①从各类目录名称来看，史学在社会中的位置更加扩大了和加重了：政治仍占有主要的分量，而民族、家族、人物、文献积累等，也从不同的方面显示出了史学内涵的丰富以及它对于社会面貌的影响。盛唐时期的史家们认为：“夫史官者，必求博闻强识，疏通知远之士，使居其位，百官众职，咸所贰焉。是故前言往行，无不识也；天文地理，无不察也；人事之纪，无不达也。内掌八柄，以诏王治，外执六典，以逆官政。书美以彰善，记恶以垂戒，范围神化，昭明令德，穷圣人之至赜，详

① 魏徵等编：《隋书》卷三三《经籍志二》。

一代之。”[①]这里，一是反映了史官的职责和人们对史官的要求，二是反映了史学的极其广泛的社会作用：历史、天文、地理、人事，都在史学的视野之内；彰善，垂戒，揭示圣人治国安邦的智慧，描述朝代兴盛的风貌，都是史学社会功能的表现。

如果说，司马迁把史学在社会中的位置从反映伦理（法度）的层面进一步发展到总结历史经验（自镜）的层面；那么，盛唐时期的人们便是在这些层面上的自觉行动者，同时又进而开辟新的层面，即史学在“树之风声”方面的社会教育层面。如果说，在司马迁那里，表现出了许多天才的发现的话；那么，盛唐时期的人们，就显示出了他们是站在天才的肩膀上高瞻远瞩的群体，把史学在社会中的位置审视得更加清晰，看待得更加重要。

在这个群体当中，有两个人是应该特别予以强调的：一是政治家唐太宗，一是史学家刘知幾。

唐太宗命房玄龄、魏徵等大臣撰写梁、陈、齐、周、隋五代史，于贞观十年（636年）成书，他很高兴，并深刻地指出：

> 朕睹前代史书，彰善瘅恶，足为将来之戒。秦始皇奢

① 魏徵等编：《隋书》卷三三《经籍志二》。

淫无度，志存隐恶，焚书坑儒，用缄谈者之口。隋炀帝虽好文儒，尤疾学者，前世史籍竟无所成，数代之事殆将泯绝，朕意则不然，将欲览前王之得失，为在身之龟镜。公辈数年之间，勒成五代之史，深副朕怀，极可嘉尚。[①]

唐太宗对秦始皇、隋炀帝的批评是正确的，他所持的“览前王之得失，为在身之龟镜”的态度是诚恳的，这从“贞观之治”的政治作风和社会面貌可以得到充分的证明。我们甚至可以说，唐太宗在对待历史经验和对待史学的重视程度上，在中国封建社会的几百个皇帝中，是前无古人，后无来者的。这还可以从他与大臣的关系中得到进一步证明。贞观初年，边臣李大亮“论今引古，远献直言”，婉拒唐太宗“使遣献鹰”的要求。唐太宗很是感动，送李大亮荀悦《汉纪》一部，并致书李大亮说：“卿立志方直，竭节至公，处职当官，每副所委，方大任使，以申重寄。公事之闲，宜寻典籍。然此书叙致既明，论议深博，极为治之体，尽君臣之义，今以赐卿，宜加寻阅也。”[②]唐太宗不仅重视史书的思想、功用，还重视史书的叙述和论议，可见他对于史学的关注和评价是真诚的，绝非随意

① 王钦若等编：《册府元龟·国史部·恩奖》。

② 刘昫等：《旧唐书》卷六二《李大亮传》。

说说而已。

唐太宗同大臣虞世南的交往，更是反映出史学与政治的密切关系，史载：

> 太宗重其博识，每机务之隙，引之谈论，共观经史。世南虽容貌懦愞，若不胜衣，而志性抗烈，每论及古先帝王为政得失，必存规讽，多所补益。太宗尝谓侍臣曰："朕因暇日与虞世南商略古今，有一言之失，未尝不怅恨，其恳诚若此，朕用嘉焉。群臣皆若世南，天下何忧不理。"[①]

由此可以看出，虞世南的渊博的历史知识，对唐太宗的治国安邦之举产生了重要的影响。贞观十二年（638年）虞世南辞世，唐太宗感叹地说："石渠、东观之中，无复人矣，痛惜岂可言耶！"[②]唐太宗时有一个优秀的史家群体，他的这番话，只是表明了虞世南在他的政治生活中的重要地位。唐太宗还破例向史官们提出阅读本朝史的要求，为的是"将却观所为得失以自警戒"；"若有不善，亦欲以为鉴诫，使得自修

① 刘昫等：《旧唐书》卷七二《虞世南传》。
② 刘昫等：《旧唐书》卷七二《虞世南传》。

改”。[①]他说的“以自警戒”“得自修改”并非粉饰之词。贞观初年，他撰《金镜》一文，“游心前史”，探讨历代“兴亡之远”。[②]显然，唐太宗的目的，是要在统治集团中树立起一种重视历史经验教训的风气。应当公正地评价，在二十多年的贞观政治中，这种风气是树立起来了。贞观末年，他又撰《帝范》十二篇以赐太子李治：“自轩昊已降，迄至周隋，经天纬地之君，纂业承基之主，兴亡治乱，其道焕焉。所以披镜前踪，博采史籍，聚其要言，以为近诫云尔。”他还反省自己“在位已来，所缺多矣”“勿以兹为是而后法焉”。[③]这里，我们不来对“贞观之治”做具体评价，也不就唐太宗自己所说的“所缺”“深过”做具体分析，我们只是要说明：史学始终伴随着唐太宗的政治生涯，并成为他政治思想的源泉之一和政治决策的参照之一。唐太宗曾在《修晋书诏》中以赞叹的口吻说道：“大矣哉，盖史籍之为用也。”[④]这句话，凝聚了他对史学在社会中的位置的全部认识。

刘知幾是史学批评家，他对于史学在社会中的位置的认识，有鲜明的职责感和突出的理性色彩。刘知幾指出：

---

① 吴兢：《贞观政要·文史》。
② 李昉等编：《文苑英华》卷三六〇。
③ 董诰等编：《全唐文》卷一〇。
④ 宋敏求等编：《唐大诏令集》卷八一。

苟史官不绝，竹帛长存，则其人已亡，杳成空寂，而其事如在，皎同星汉。用使后之学者，坐披囊箧，而神交万古，不出户庭，而穷览千载，见贤而思齐，见不贤而内自省。若乃《春秋》成而逆子惧，南史至而贼臣书，其记事载言也则如彼，其劝善惩恶也如此。由斯而言，则史之为用，其利甚博，乃生人之急务，为国家之要道。有国有家者，其可缺之哉！①

在这里，刘知幾合乎逻辑地阐明了一个道理：因有“史官不绝”，才有“竹帛长存”；因有“竹帛长存”，后人才得以“神交万古”“穷览千载”，了解历史上的人和事；由此进而辨别“贤”与“不贤”或“思齐”，或“自省”，都可以从中受到教育。史学于是发挥出广泛的和重要的作用。“生人”（生民）和“国家”都应当重视史学的这种作用。重复地说，这个道理是从人的认识途径上说明史学为什么会对社会产生作用，产生什么样的作用，这种作用的重要性何在。值得注意的是，刘知幾讲史学的社会作用，已经把“生人”（生民）放到和“国家”同等重要的位置上看待。从今天的眼光来看，

① 刘知幾：《史通·史官建置》。

史学在总结历史经验方面无疑是极其重要的，而史学在“劝善惩恶”方面则更具有广泛的社会性。刘知幾还从人性的角度，指出人性“邪正有别”，有“小人之道”，有“君子之德”，而“史之为务，申以劝诫，树之风声”。[1]史学能够起到“申以劝诫，树之风声”的作用，足见它在社会中的位置之重要了。其实，这种认识在唐初统治者那里已表现得十分突出。如唐高祖《命萧王禹等修六代史诏》开篇就说：“经典序言，史官纪事，考论得失，究尽变通，所以裁成义类，惩恶劝善，多识前古，贻鉴将来。”[2]又如唐太宗在《修晋书诏》中讲到梁、陈、齐、周、隋五代史的撰写时说：“莫不彰善瘅恶，激一代之清芬。褒吉惩凶，备百王之令典。”[3]可以认为，关于史学之“惩恶劝善”“彰善瘅恶”的认识，是史学思想在唐初得到发展的特点：一是指出了如何去说明史学的社会作用，二是强调了“国家”和“生人”都应当十分重视这个作用。

盛唐以下，关于史学作为兴亡治乱之借鉴和惩恶劝善之参照的社会作用，已成为统治集团、士人阶层以至于更多人的共识，这方面的言论、措施也更加丰富起来。同时，人们在此基

① 刘知幾：《史通·直书》。
② 宋敏求等编：《唐大诏令集》卷八一。
③ 宋敏求等编：《唐大诏令集》卷八一。

础进一步提出史学对于“明道”即对于人们认识社会的演进法则和规律有不可忽视的作用，对于培养国家的栋梁之材也有不可忽视的作用，从而更加清楚地认识到史学在社会中的重要位置。

在古代，有很长一段时间，人们认为只有“经”是载“道”的，“史”不过是记事而已。元代史家胡三省不赞成这种见解，指出：

> 世之论者率曰：“经以载道，史以记事，史与经不可同日语也。”夫道无不在，散于事为之间。因事之得失成败，可以知道之万世无弊，史可少欤？①

胡三省说的“道无不在，散于事为之间”，是一个很重要的命题。汉初的政论家、史论家们分析“逆取”与“顺守”的关系，司马迁的“究天人之际，通古今之变”，唐代李百药、柳宗元等人探讨“势”的作用，等等，都是在揭示社会演变的法则，即都是在“明道”。脱离了他们所说的史事，“道”就成了抽象的概念。因此，胡三省认为，人们正是从“事之得失成败”中去认识“道”；这样的“道”对人们来说是不可少

---

① 胡三省：《新注〈资治通鉴〉序》，见司马光《资治通鉴》卷首。

的，因而史学无疑也是不可少的。其后，王夫之分析“势”与“理”的关系，龚自珍阐述“史”与“道”的关系，都是遵循同一认识路线来说明“理”和“道”的性质，即“理”不能离开“势”，“道”不能离开“史”。龚自珍说：“欲知大道，必先为史。”[①]所谓“大道”，当指关乎治国安邦、社会演变的根本性法则和规律；所谓“必先为史”，即研究历史不仅是必要的，而且是首位的。这是龚自珍对史学明道思想的发展。

史学在社会中的位置，还可以从史学与培养人才的关系得到进一步说明。这里说的培养人才，在中国古代都是同政治统治密切联系的。因此关于这个问题的认识和实践，最先都是在统治集团中受到重视的。春秋时期，楚国大夫申叔时论教导太子，认为应该教之“春秋”，教之“世”，教之“令”，教之“语”，教之“故志”，教之“训典”等，以便从各方面提高太子的素养。[②]据韦昭的《国语》注文来看，这些都与史事有关。十六国时期，后赵石勒设史学祭酒一职，史学立为官学之一，与经学、律学鼎足而立。[③]南朝宋时，国子学有玄、

---

① 龚自珍：《龚自珍全集》第一辑《尊史》。

② 《国语·楚语上》。

③ 房玄龄等：《晋书》卷一〇五《石勒载记下》。

儒、文、史四科。[①]唐朝国子学设有“文史直者”，其宏文馆宏文生要通过《史记》、两《汉书》和《三国志》的考试；科举考试有“史科”从一史科到三史科，“每史问大义一百条，策三道，义通七、策通二以上，为及第”。唐穆宗长庆二年（822年），谏议大夫殷侑鉴于“近日以来，史学都废，至于有身处班列，朝廷旧章昧而莫知，况乎前代之载”的不正常现象，提出加强史科的建议，为穆宗所采纳。[②]我们知道，盛唐时期的人们是十分重要史学的，但是一个正确的认识和一项正确的措施，要坚持下去并不是很容易的事情。晚唐时竟然出现“史学都废”的局面，以至官员不懂得“朝廷旧章”和前代历史，这实在是一个严重的教训。诚如后来顾炎武论殷侑建议时所说：“今史学废绝，又甚唐时。若能依此法举之，十年之间，可得通达政体之士，未必无益于国家也。”[③]“朝廷旧章昧而莫知”的官员同“通达政体之士”，二者孰有益于国家，是任何人都可以做出判断的。仅此而论，史学在培养人才方面，其社会作用是其他知识和学问所无法替代的。

从最广泛的意义上看，史学对社会各个阶层、各个群体中

① 脱脱等：《宋书》卷八《明帝纪》。

② 王溥：《唐会要》卷七六。

③ 顾炎武：《日知录》卷一六。

的人，都有教育上的作用，这种教育作用的积极效果和社会影响，怎样估计都不算过分。先师白寿彝先生对此有详尽而精辟的论述，足资参考。①

综上，我们从史学与政治统治、“树之风声”、史以“明道”、培养人才、社会的历史教育等几个方面，揭示出史学对于社会历史的发展所产生的积极作用，由此可以判断它在社会中的位置了：在政治统治方面有借鉴作用，在世风建设方面有示范作用，在认识社会历史演进方面有引导作用，在人才培养方面有提高作用，而在教育方面则有丰富的内涵，既可以包括上述各方面的作用，还可以包括蒙学教育、历史文化传承教育、科学与人文精神教育、优良民族传统教育等等。这里，我们不妨换一种思维方式来提出问题：如果在社会中没有了史学，政治家们将会怎样思考？世风建设将何所依凭？人们将如何去认识历史？国家各级官员不懂历史将怎样履行公职？社会教育将失去哪些有价值的内容？我想，那必将是一种不可想象的、可怕而又可悲的局面。

刘知幾从“国家”的角度来看，说史学是“要道”，从“生民”即一切个人的角度来看，说史学是“急务”。我们是否可以认为，这大致说明了史学在社会中的位置。

① 白寿彝：《白寿彝史学论集》上册，第155～304页。

二　20世纪中国史学的启示

关于史学在社会中的位置，20世纪的中国史学给我们留下了丰富的思想遗产和许多宝贵的启示。

当20世纪刚刚揭开序幕的时候，梁启超发表《新史学》一文，倡言“史界革命”。在这篇文章中，梁启超极其郑重地指出史学在社会中的重要位置。他写道：

> 今日欲提倡民族主义，使我四万万同胞强立于此优胜劣败之世界？则本国史学一科，实为无老、无幼、无男、无女、无智，无愚，无贤，无不肖所皆当从事，视之如渴饮饥食，一刻不容缓者也。然遍览乙库中数十万卷之著录，其资格可以养吾所欲，给吾所求者，殆无一焉。呜呼，史界革命不起，则吾国遂不可救。悠悠万事，惟此为大。[①]

按其本意，史学对于社会上所有的人们来说，应当“视之如渴饮饥食，一刻不容缓”的大事、要事。梁启超之所以有这样的认识，一是因为他接受了西方近代进化论的观点，看清楚

① 梁启超：《新史学》，见《饮冰室合集》，文集之九，第7页。

了“此优胜劣败之世界”；二是他积极参与的戊戌变法遭到失败，痛心疾首之际，反思历史和史学，深感史学对于激发国人之“民族主义”精神有至关重要的作用。当然，梁启超对“史界革命”的期望值过高，有不切合实际的地方，但他说的这番话的基本精神是反映了时代的要求的。他所倡言的“新史学”，对中国史学的近代化历程有很大的促进作用。

在中国史学走向近代的过程中，中国的马克思主义史学诞生了。关于史学在社会中的位置，中国马克思主义史家是怎样看待的呢？中国马克思主义史学的奠基者之一李大钊认为：“研究历史的趣味的盛行，是一个时代正在生长成熟，正在寻求聪明而且感奋的对于人生的大观的征兆。”[①]在李大钊看来，史学与时代就是这样紧密地联系在一起。李大钊的充满激情的话，是包含着丰富的理性底蕴的。他指出了这样一个真理：社会历史的发展推动了史学的产生和发展，决定着史学变化演进的面貌；换言之，史学发展的面貌和水准，也反映着社会历史前进的步伐，记录着它进步的尺度，以及作为历史主体的人的自觉意识和历史精神的不断提高的尺度。由此出发，我们似还可以做进一步的理解，即从史学工作者本身来说，“研究历史的趣味的盛行”与否，在一定意义上反映出史学工作

① 李大钊：《李大钊史学论集》，第245页。

者对时代脉搏感受的程度和对历史前途认识的程度。李大钊在《史学要论》这一名著的最后写道：

> 吾信历史中有我们的人生，有我们的世界，有我们的自己，吾故以此小册子为历史学作宣传，煽动吾人对于历史学研究的兴趣，亦便是煽动吾人向历史中寻找人生、寻找世界、寻找自己的兴趣。①

这就是说，历史学同人生和社会有直接的密切联系，认识历史学对于人们认识人生与社会有特殊的作用和意义。

这里，引发了我们如下的思考：梁启超是一位资产阶级改良主义者，他的《新史学》是以信奉近代进化论为其思想原则的；李大钊是一位无产阶级革命家，他的《史学要论》是以信奉马克思主义唯物史观为其思想原则的，而他们对于史学在社会中的位置的认识，却有许多相通之处，这是一种“巧合”呢，还是有某种必然的联系？我想答案自然是后者。这种必然的联系，源于史学的本质属性，即它是社会历史发展的记录，又昭示着社会历史的前途和未来；人们从史学中可以学到许多经验，得到许多启示，增益许多智慧，加强许多信心。当然，

① 李大钊：《李大钊史学论集》。

梁启超与李大钊在历史观上的不同，也决定了他们所倡导的史学在性质上的区别。同时，梁启超与李大钊还有一个不同之处，就是梁启超的“新史学”是完全否定旧史学，强调“史界革命”；李大钊说的“现代史学”是指在批判继承以往史学基础上的马克思主义史学。这样一个区别，恰是它们在后来发展中不同的历史命运之关键所在。这是属于另外一个问题，不是本文所要讨论的范围。

20世纪中国史学给予人们的一个最重要的启示是：中国马克思主义史学的发展，把认识历史和审视现实辩证地统一起来，一方面开辟了人们科学地认识历史的道路，一方面则更加强烈地、理性地反映了社会变革的要求和趋势。反映这种辩证统一关系的一个较早的突出例证，是中国马克思主义史学另一位奠基者郭沫若的《中国古代社会研究》。他在1929年为这书所写的《自序》中开宗明义地说道：

> 对于未来社会的待望逼迫着我们不能不生出清算过往社会的要求。古人说：“前事不忘，后事之师。”认清楚过往的来程，也正好决定我们未来的去向。①

① 郭沫若：《郭沫若全集·历史编》第一卷，第6页。

这段经常被人们引用的话，科学地说明了史学在社会中的位置，即史学既是认识“过往社会”的手段，又是指示“未来社会”的路标。史学使人们“认清楚过往的来程”，需要用科学的精神揭示历史演进的路径、发展的规律；史学帮助人们抉择“未来的去向”，有一个重要的依据和参照，那就是“前事不忘，后事之师”。社会历史无非是实现自己的目的的人的活动而已。但是，任何时代中的任何人，在实现自己目的的过程中，都不可能完全脱离前人的经验教训，区别仅仅在于是自觉认识程度的高低和吸收、借鉴的正确与否。许许多多的历史事实表明：人们自觉认识历史经验教训重要性的程度愈高，愈是能够正确地看待和借鉴历史经验教训，愈是能够能动地、积极地参与当前的历史运动，实现新的目标，创造新的业绩。史学就是向人们提供历史经验教训的最好的老师。马克思主义史学的特点，一是它以唯物史观为指导，使人们能够不断地走向科学认识历史的道路；二是它对历史经验教训能够做出唯物的辩证的和历史主义的说明。因此，马克思主义史学在社会中的位置也就显得更加突出、更加重要了。

上述论点，可以从毛泽东的有关论述中得到有力的说明。毛泽东在领导中国新民主主义革命、社会主义革命和社会主义建设的过程中，一向十分重视史学工作。

首先，他重视史学工作对指导革命实践活动的重要意义。早在抗日战争时期，毛泽东曾经这样说过：“指导一个伟大的革命运动的政党，如果没有革命理论，没有历史知识，没有对于实际运动的深刻的了解，要取得胜利是不可能的。”因此，他向全党提出了学习历史、研究历史的任务，指出要“学习我们的历史遗产，用马克思主义的方法给以批判的总结”；“我们这个民族有数千年的历史，有它的特点，有它的许多珍贵品。对于这些，我们还是小学生。今天的中国是历史的中国的一个发展；我们是马克思主义的历史主义者，我们不应当割断历史。从孔夫子到孙中山，我们应当给以总结，承继这一份珍贵的遗产。这对于指导当前的伟大的运动，是有重要的帮助的”。[①]这里，他把学习和研究历史、把史学工作提到革命政党能否指导当前的革命运动的高度上来看待，提到关乎革命运动成败的重要位置来看待。毛泽东之所以把史学工作摆在这样重要的地位加以强调，是因为：第一，他认为，马克思主义的史学工作是一种能够正确地阐释人类社会历史发展的科学工作。对于指导一个伟大运动的政党来说，如果不能正确地认识人类社会历史的发展，就不能正确地说明历史的前途，就可能在当前的革命运动中迷失方向。他的这个思想，在《实践论》

① 毛泽东：《毛泽东选集》第二卷，第532～533页。

中做了明确的阐述。他说："在很长的历史时期内，大家对于社会的历史只能限于片面的了解，这一方面是由于剥削阶级的偏见经常歪曲社会的历史，另一方面，则由于生产规模的狭小，限制了人们的眼界。人们能够对于社会历史的发展做全面的历史的了解，把对于社会的认识变成了科学，这只是到了伴随巨大生产力——大工业而出现近代无产阶级的时候，这就是马克思主义的科学。"[①]这种对于社会历史的发展做全面的历史的了解，正是马克思主义史学工作的重要任务。第二，他认为，只有运用马克思主义的立场、观点和方法，认真地研究中国历史，认真地研究中国现状，才能把马克思主义和中国实际结合起来，"在各方面做出合乎中国需要的理论性的创造"。[②]如果没有这种理论性的创造，无产阶级政党就不能胜利地指导革命运动。第三，他认为，史学工作可以给无产阶级政党提供许多有益的历史经验，作为指导当前革命运动的借鉴。中国新民主主义革命是无产阶级领导的新式农民革命，为了避免重蹈历史上农民战争的覆辙，毛泽东在红军创建初期就指出："历史上黄巢、李闯式的流寇主义，已为今日的环境所

① 毛泽东：《毛泽东选集》第一卷，第283～284页。

② 毛泽东：《毛泽东选集》第三卷，第820页。

不许可。”[①]他在1944年给郭沫若的信中写道：“你的《甲申三百年祭》，我们把它当作整风文件看待。小胜即骄傲，大胜更骄傲，一次又一次吃亏，如何避免此种毛病，实在值得注意。倘能经过大手笔写一篇太平军经验，会是很有益的……你的史论、史剧有大益于中国人民，只嫌其少，不嫌其多，精神决不会白费的，希望继续努力。”[②]这足见他对史学工作者所总结的历史经验教训十分重视。20世纪60年代初，他读《新唐书·姚崇传》，把姚崇向唐玄宗的十条建议誉为“十条政治纲领”。他认为“这十条政治纲领，简单明了，古今少见……有的对我们今天也还有一定的参考价值”。[③]这说明他自己读史，也是极注重于吸取历史经验的。

其次，他重视史学工作对提高民族自信心的重要作用。史学工作不仅对于无产阶级政党来说是重要的，对全民族来说也是重要的。关于后者，主要是提高民族自信心的问题。毛泽东认为，批判继承古代文化遗产，“是发展民族新文化提高民族自信心的必要条件”。[④]所谓“必要条件”，当然不是可有可无的。他在讲到中华民族的历史传统时说，“中国是

① 毛泽东：《毛泽东选集》第一卷，第94页。
② 《毛泽东同志给文艺界人士的十五封信》，《人民日报》1982年5月23日。
③ 忻中：《毛泽东读书生活纪实》，《社会科学战线》1982年第4期。
④ 毛泽东：《毛泽东选集》第二卷，第707～708页。

世界文明发达最早的国家之一，中国已有了将近四千年的有文字可考的历史”；“中华民族又是一个有光荣的革命传统和优秀的历史遗产的民族”。[①]他在讲到1840年以来的中国历史时指出：“中国人民，百年以来，不屈不挠、再接再厉的英勇斗争，使得帝国主义至今不能灭亡中国，也永远不能灭亡中国。”[②]1945年，他在总结北伐战争、土地革命战争和抗日战争的经验时写道：“三次革命的经验，尤其是抗日战争的经验，给了我们和中国人民这样一种信心：没有中国共产党的努力，没有中国共产党人做中国人民的中流砥柱，中国的独立和解放是不可能的，中国的工业化和农业近代化也是不可能的。”[③]由此可以看出，史学工作应当给人们以启发，给人们以信心，不是引导人们向后看，而是引导人们向前看。这是史学工作之所以重要的原因之一，也是马克思主义史学工作的一条基本原则。

再次，他重视史学工作和端正学风的关系。毛泽东一贯认为，能否注重研究历史，是区别马克思主义的学习态度和主观主义的学习态度的标志之一。他说：主观主义的学习态

① 毛泽东：《毛泽东选集》第二卷，第623页。
② 毛泽东：《毛泽东选集》第二卷，第632页。
③ 毛泽东：《毛泽东选集》第二卷，第1097～1098页。

度，“就是割断历史，只懂得希腊，不懂得中国，对于中国昨天和前天的面目漆黑一团”；而马克思主义的学习态度则相反，就是不要割断历史，“不单是懂得希腊就行了，还要懂得中国；不但要懂得外国革命史，还要懂得中国革命史；不但要懂得中国的今天，还要懂得中国的昨天和前天。”他批评有些人“对于自己的历史一点不懂，或懂得甚少，不以为耻，反以为荣”。[①]他号召“一切有相当研究能力的共产党员，都要研究马克思、恩格斯、列宁、斯大林的理论，都要研究我们民族的历史，都要研究当前运动的情况和趋势；并经过他们去教育那些文化水准较低的党员”，而“干部应当着重地研究这些，中央委员和高级干部尤其应当加紧研究”。[②]他的这些话，都是在讲到党的作风和学习的问题时反复加以强调的。在这方面，毛泽东是一个很好的榜样。无论在革命战争年代，还是在社会主义时期，他都十分重视史学工作，对我国著名历史学家郭沫若、范文澜、吕振羽等都曾给予热情的关怀。新中国成立以后，毛泽东系统地阅读“二十四史”，并且做了许多批注、圈点、勾画，有的部分是一阅，再阅，以至达到五遍之多。[③]

① 毛泽东：《毛泽东选集》第三卷，第798页。

② 毛泽东：《毛泽东选集》第二卷，第532页。

③ 忻中：《毛泽东读书生活纪实》，《社会科学战线》1982年第4期。

他的这种勤奋读史的精神，证明他始终坚持把马克思主义和中国历史及现状相结合的原则。他的这种严肃的科学的态度，正是他一贯提倡的理论联系实际的学风的表现。

毛泽东重视史学工作还表现在其他许多方面，如研究历史的重点和研究历史的方法等，不一一论述。毛泽东关于史学在革命和建设中的重大作用的论述，是毛泽东思想的一部分，也可以看作是他对于中国马克思主义史学在这个问题上的精辟概括，具有重要的指导意义。

在20世纪后半期的中国史学发展史上，关于对史学在社会中的位置的认识与处置，给人们留下了特别深刻的教训与启示。这就是：一方面，把史学问题视为政治问题，使得史学走向教条和僵化；另一方面，把政治宣传视为史学思潮，使得人们对于一种政治宣传的分析而伴随着对于史学的误解和冷淡。前一种情况在50年代后期至60年代前期反映得比较突出。其主要表现是往往把历史研究中一些有争论的学术问题归结为政治上的倾向，从而把史学与政治的关系简单化，也把史学在社会中的位置庸俗化了。造成这种情况的主要原因，是政治上“左”的思潮的影响和对马克思主义的教条式的理解与运用，这在对阶级和阶级斗争理论的理解方面尤为突出，一些学术上的争论常常被视为阶级斗争的反映。于是在相当的程度上史学被政治化了，政治被阶级斗争化了，阶级斗争被扩大化了。史学的发展受到了严重的障碍。后一种情况在80年代至90年代反映得比较明显。其主要表现是认为“文革”中因史学受到“重视”而有“儒法斗争史”的泛滥，从而使史学走向自己的反面，于是认为史学应同社会、同现实保持一定的距离，不必强调史学的社会作用，以免重犯“文革”中“儒法斗争史”那样荒唐的错误。因此，在学术界，在社会公众中，逐步滋生出种种对史学的误解、偏见和冷淡的情绪。造成这种情况的根本原因，是“四人帮”为了推行他们的反动政治，盗用“史学”的名义和术语，打着“史学”的旗帜，编造并强行兜售“儒法斗争史”的说教，从而极其严重地败坏了史学的声誉，其流毒既广且深。造成这种情况还有一个原因，即人们在清算“四人帮”炮制“儒法斗争史”的罪恶阴谋时，一方面揭露其反动的政治目的，另一方面则揭露其篡改历史的卑劣手法，这无疑都是正确的。但是，“儒法斗争史”本身是“史学”还是穿着史学外衣的政治？对于这个问题却还有进一步分析的必要。我认为，所谓“儒法斗争史”不过是穿着史学外衣的政治，而绝不是什么“史学”。“儒法斗争史”的泛滥，也绝不是史学受到高度重视的结果。事实表明：“文革”中绝大部分有成就的史学家都被“打倒”，绝大部分历史著作都成了批判对象，大学历史系停止了教学，历史研究机构中断了研究工作，历史学刊物被迫停刊，等等，历史学领域呈现出一片萧条破败景象，哪里谈得上受到“重视”？哪里谈得上成为“显学”？事隔二十多年了，对于这一点，我们确有深入认识的必要。否则，总会有人担心：对于史学的重视，就会重蹈“儒法斗争史”的覆辙。这是认识上的一个误区。不走出这个误区，必将妨碍我们对于史学在社会中的位置的正确估量。

综上，要而言之，不论是给史学贴上政治的标签，还是给政治披上“史学”的外衣，虽然这两种情况在本质上是有区别的，但它们都混淆了史学同政治的关系，从而曲解了史学在社会中应有的位置，既有碍于史学的发展，也有碍于社会的进步。重复地说，把史学等于政治是完全错误的。但是，如果我们从以往的教训中得到这样的认识，即史学应同社会保持一定的距离，或者“超越”社会，才能保证史学的纯洁与发展。这样的认识恐怕也还是需要进一步推敲的。这是因为：史学作为意识形态，社会作为客观存在，它们并非一回事，本存在着“距离”；同时，一时期社会的史学，又是该社会意识形态的一部分，前者要“超越”后者，不论是从理论上还是从实践上来看，都是行不通的。问题的关键，说到底还是要回过头来认识和处理好史学在社会中的位置，使史学发展和社会进步成为双向互动、相得益彰的合理的运动形态。

20世纪70年代末以来，中国进入新的历史时期。处在改革开放中的中国人，怎样看待史学在社会中的位置，仍然是一个有重要意义的问题。邓小平作为中国改革开放的伟大领导者，他在1990年曾十分有力地说过这样一句话："要懂得些中国历史，这是中国发展的一个精神动力。"[①]只要是真正懂得些中国历史的人，就会从这句话中感受到它的丰富的内涵。这里说的"精神动力"，概括了中华民族的历史意识、忧患意识、民族精神、爱国精神和改革进取精神。毋庸讳言，懂不懂中国历史，在对这句话的理解上是有很大的差别的，从而在参与现实的历史运动的自觉性和能动性上也是有很大的差别的。可以说，这句话极其精辟地道出了现时期史学在社会中的位置，值得每一个中国人三思。

关于史学在社会中的位置，20世纪中国史学给人们留下了深刻的启示，留下了许多经验教训。它们连同20世纪以前中国史学上的丰富的启示和经验教训，都是迈进又一个新的世纪的中国人可以继承、学习、运用的宝贵遗产。

① 邓小平：《邓小平文选》第三卷，人民出版社1993年版，第358页。

三　21 世纪中国史学面临的形势与抉择

人类已经进入21世纪。从史学在社会中的位置来看，中国史学在新的世纪里将如何发展？它面临着怎样的机遇、挑战和抉择？这是中国史学工作者不能回避的问题。

大家知道，21世纪给人类带来的突出问题，在经济领域一是知识经济不断发展的趋势，一是经济全球化的趋势。这两个问题又是相互联系的。在知识经济越来越走近我们的时代，在经济全球化不断加强的时代，中国史学在社会中占有怎样的位置？它将做出怎样的抉择？这将是史学工作者在21世纪里不断探索的新问题。本文提出如下两个问题，为的是抛砖引玉。

第一个问题：知识经济和以人为本及其与中国史学人本主义思想传统的关系。在人类迎来又一个新的世纪的今天，中国传统史学的人本主义思想传统给予我们的新的启示是：在新的世纪里，海内外炎黄子孙为了实现振兴中华的大业，必须继承和发扬以人为本的思想传统，比以往任何时候都更重视人的作用。这是我们进入21世纪时所面临的最重要的历史任务之一。

近年来，经济学界以至整个理论界、学术界，都十分关注21世纪新型经济的出现，即知识经济的到来。当然，对于“知识经济”的概念还有不同的理解。①有人认为，知识经济是以知识为基础的经济，它直接依赖于知识的创新、传播和应用。有人认为，知识经济是以高技术产业为支柱、以智力为主要资源和以知识为基础的经济；“知识经济”的中国表述就是“科学技术成为第一生产力”的经济。有的研究者认为，知识经济是以高技术产业为第一产业支柱，以智力资源为首要依托的可持续发展的经济，它包含着这样的观念：“人类正在步入一个以知识（智力）资源的占有、配置、生产、分配、使用（消费）为最重要因素的经济时代”，简而言之就是“科学技术是第一生产力”的时代，等等。当然，这些阐述并无根本的不同之处；而在各种阐述中有一点是共同的，即高技术产业——知识（智力）——人。人们指出，“知识经济是在充分知识化的社会中发展的经济”，所谓“充分知识化”当然是人的充分知识化。知识经济“核心是科技，关键是人才，基础是教育”，这一点是十分清楚的：只有雄厚的教育基础，才能造就高素质

① 参见姜岩：《知识经济时代的来临》，《深圳特区报》1998年3月18日第8版；韩庆祥《知识经济与人的发展》，《光明日报》1998年8月7日第5版；吴季松《论“知识经济”》，《光明日报》1998年2月27日第6版。

的人才，只有有了高素质的人才群体，才能不断创造出高技术产业。正是在这个意义上，人们强调知识经济时代是真正以人为本的时代。

笔者对经济学理论素无研究，只是从一个史学工作者的敏感来关注这些问题，认为中国传统史学的人本思想传统同人类面临的知识经济时代，有一种表面看来毫无关系而事实上却存在着的历史联系：以人为本。这种联系表明了历史之螺旋式的发展和否定之否定的历史法则。司马迁提出的“究天人之际”的问题，是要回答历史演进的真正动因是什么，为此，他写出了中国史学上第一部以人物为中心的综合体史书——《史记》，确立了中国史学的人本主义传统；当人类面临一个新的经济时代到来的时候，最终还是把着重点放到了“人”上面。历史走过了两千多年，时代的内容大为迥异，然而以人为本这一思想传统，却使我们在不同的时空中看到了一个契合点。有的研究者指出：联合国系统和西方国家对高科技产业的研究者、决策者和管理者的个人基本知识要求，可以简单总结为六个方面。其中，第六方面是：“社会科学的基础知识（特别是法律，经济，本国历史和科学史）。”同时指出：“一个人的观察、分析、判断和归纳的能力在很大程度上取决于上述知识基础，而这些基础知识的普及将大大提高国家经济发展的能力。”[1]本国史，科学史，知识经济，在未来社会中它们的关系竟如此紧密。正是这个契合点，使中国史学的优良传统能够在未来社会中启迪以至鼓舞中华民族增强走向新的经济时代的信心和勇气。一部“二十四史”（当然，中国史书汗牛充栋，绝不限于“二十四史”）告诉人们：一般说来，凡兴盛的时代，都是人才辈出的时代；或者说，凡人才辈出的时代，都是富于朝气、充满生机的时代。汉初的人才群体和西汉盛世的出现，唐初的人才群体和盛唐局面的形成，是两个最突出的例子，而类似的史实在中国历史上可以举出许多。可以这样说，一部中国人才开发史，从一个重要方面反映出了中国历史的进步；而一个时代一个时代的人才，便铸成了“中国的脊梁”。加强对于人的作用的研究，是21世纪中国史学的一个重要任务。

走进21世纪，“温故而知新”，只要我们真正把科教兴国的国策落到实处，努力推进全民族文化知识水平的提高，努力促进大批优秀人才的涌现，努力加快全社会的“充分知识化”，那么，21世纪的中国历史定将谱写出以人为本的新篇章，“中国的脊梁”将变得更壮实、更坚强，振兴中华的宏愿

① 吴季松：《21世纪社会的新趋势——知识经济》，北京科学技术出版社1998年版，第162～163页。

必将实现。

第二个问题：在经济全球化日益发展的时代，作为中国文化一部分的中国史学，怎样认识和把握其发展的趋势及基本走向？大家知道，经济全球化是一个漫长的过程，它在21世纪里将变得范围更广阔、程度更深入、影响更明显，中国的经济建设也将逐步融入经济全球化过程之中，因而必然也会涉及文化领域。有的研究者指出，全球化是一个矛盾的统一体，是“合理的悖论”，“在全球化的背景下，即使是开放化程度最高的国家，也不可能完全没有本民族的胎记，反之，最封闭的民族也不可能没有全球化的痕迹”；“全球化的这种矛盾有利于人类社会的进步，社会本身就是多样性的统一，多元一体化也好，一元多体化也好，都应当是人类发展的真谛”。[①]这是从一般意义上对“全球化”的分析。有的研究者从世界经济趋势对“全球化”进行分析，认为：“世界经济越是全球化，经济中的民族利益越是突出，民族化倾向也就越明显。”[②]也有的研究者认为：“经济全球化的一个直接后果就是文化全球

① 俞可平：《全球化的二律背反》，见俞可平《文化的悖论》，中央编译出版社1998年版，第23～24页。

② 高德步：《全球化还是民族化》，见胡元梓《全球化与中国》，中央编译出版社1998年版，第229页。

化。”[1]这个结论，似还可以商榷。同样，一位外国学者提出的所谓“乡愁和全球化的尖锐形式”[2]的命题，似也未能阐明在“全球化”过程中民族文化的价值与前途。如果说，经济中的民族利益必然会影响到文化中的民族化倾向的话，那么民族文化中固有的民族传统和民族特色自然不会悄然消失。在这种历史条件下，中国文化的发展应当具有积极的、高屋建瓴的态势。首先，要认识到这是一个良好的发展机遇：全球范围的空前的开放性，为世界各国文化进入中国提供了条件，也为中国文化走向世界创造了机遇。条件和机遇，对不同的国家和不同的国家的文化发展，因其种种差异故客观上不会是完全相同的，但它们却可以共享这种条件和机遇。改革开放以来的中国，越来越懂得什么是历史的机遇，也越来越懂得把握历史机遇的重要性，中国文化将以从未有过的姿态走向世界。对此，我们应当有信心，也要有准备，有具体的实施步骤。其次，要保持一个合理的发展心态：自西方资本主义开始发展起，随着殖民主义的扩张，西方文化对东方文化有过多次冲击，并且产生了巨大的影响和严重的后果。但是，几百年来，西方文化

① 王宁：《全球化时代的东西方文化对话》，《中国文化报》1999年3月20日第3版。

② [美]罗兰·罗伯森：《全球化：社会理论和全球文化》，上海人民出版社2000年版，第224～234页。

没有也不可能“吞并”东方文化，使东方文化湮没无闻，以至“全盘西化”。反之，在21世纪，东方文化尤其是中国文化的积极走向世界，同样也不可能去“压倒”西方文化，使西方文化泯灭下去，以至“全盘东化”。这是历史事实和现实经验都可以证明的道理。中国文化应以一种合理的、健康的心态积极走向世界，即既把优秀的中国文化（包括传统的和现实的优秀中国文化）向世界传播，使世界各国文化从中国文化中得到裨益；同时，又把世界各国的优秀文化吸收过来，用以丰富自己。这种心态和实践，将大益于中国文化的发展和世界文化的进步。再次，要努力把握互动的发展趋势；在经济全球化日益发展的条件下，不同文化的相互接触亦将日益密切。但是文化并不等同于经济，它除了现实的发展要求外，还有悠久的历史传统，这二者之间又是不可分割的。因此，在21世纪里，中国文化发展的主要趋势，是民族性和世界性在更高层次上的互动和结合，即在民族性中反映出世界性的走向，在世界性中体现出民族性的特点。对于这一趋势认识的自觉程度，必将深刻地影响着这一趋势的进程。

在这样的中国文化的走向中，中国史学也就可以确定它在21世纪中国社会中的位置。一方面，中国史学要积极地利用知识经济、信息社会所提供的有利条件，在研究课题、研究方法、研究手段上提高自己；另一方面，清醒地、理性地看待和估量中外史学发展的历史及其特点，用平等的心态吸收外国史学的长处来丰富自身，同时也弘扬中国史学的长处让他人真正认识自己，以达到相互促进的目的。经过一个多世纪的中西文化的论争，中国史学界有充分的智慧和根据，用以科学地对待这个问题。从历史上看，中国是史学大国，有丰富的遗产和优良的传统。近代以来，西方史学崛起并在20世纪取得了非常突出的成就。中国史学在20世纪也取得了非常突出的成就，尤其是在考古学、历史文献学同历史研究的结合上，始终吸引着世界各国同行的关注。由于科学技术水平、经济发展水平和其他历史的和社会的条件的差别，中西史学在发展上各有特色，存在许多可以相互取长补短的地方。中国史学要走向世界，既要学习他人的长处，又要宣扬自身的长处。在这方面，中国史学界有许多艰苦的工作要做。

我们需要更加关注的问题是，在经济全球化的形势下，中国史学的民族特点、民族精神是否适应世界历史的潮流？我们的回答是肯定的。中国史学以其悠久的历史、丰富的内容、多样的形式和人本主义思想传统著称于世，中国史学所蕴含的自强不息的进取精神、多民族统一国家的凝聚意识和厚重的历史智慧，是中华民族民族精神的集中反映，也是全人类精神财富的重要组成部分。这些，都不会在经济全球化的过程中失去它的价值和意义；相反，它将在这一过程中更加显示出自己的活力和魅力，为中国史学的新发展提供丰富的养料，并为促进世界各国史学的发展提供有益的借鉴。这是从总的方面的估量。从具体的研究领域和研究课题来说，在事实判断的基础上，总是不能脱离价值判断，而理论、方法论又是同价值判断联系在一起的。因此，当历史观乃至于哲学观、政治观并不相同或存在分歧的情况下，人们对同一史事的价值判断往往会有很大的差别，甚至会得出完全相悖的结论。这些年来，关于日本侵略军在南京大屠杀的历史事实，有人一再予以否认或轻描淡写，就是明显的一例。这方面的实例不胜枚举，是人所尽知的。

总之，21世纪的中国史学，在当今的中国社会中仍然占有它固有的重要位置，其基本走向仍将是在马克思主义唯物史观指导下进行创造性研究，开辟新的领域，攀登新的高峰。1999年3月，在国内外有广泛影响的史学家的白寿彝教授总主编的《中国通史》全部出版，江泽民同志于1999年4月26日致信白寿彝教授表示祝贺。我们可以认为，这部《中国通史》是20世纪中国史学一个带有总结性的成果，而江泽民同志的贺信，则是对21世纪中国史学提出了明确的要求。江泽民同志在信中对白寿彝教授表示衷心的祝贺后指出：

以史为鉴，可以知兴替。中华民族历来重视治史。世界几大古代文明，只有中华文明没有中断地延续下来，这同我们这个民族始终注重治史有着直接的关系。几千年来，中华文明得以不断传承和光大，一个重要原因就是我们的先人懂得从总结历史中不断开拓前进。我国的历史，浩淼博大，蕴含着丰富的治国安邦的历史经验，也记载了先人们在追求社会进步中遭遇的种种曲折和苦痛。对这个历史宝库，我们应该运用历史唯物主义的观点不断加以发掘，在前人研究的基础上不断作出新的总结。这对我们推进今天祖国的建设事业，更好地迈向未来，具有重要的意义。

中华民族的历史，是全民族的共同财富。全党全社会都应该重视对中国历史的学习，特别是要在青少年中普及中国历史的基本知识，以使他们学习掌握中华民族的优秀传统，牢固地树立爱国主义精神和正确的人生观、价值观，激励他们为中华民族的伟大复兴而奉献力量。我一直强调，党和国家的各级领导干部要注重学习中国历史，高级干部尤其要带头这样做。领导干部应该读一读中国通史。这对于大家弄清楚我国历史的基本脉络和中华民族的发展历程，增强民族自尊心、自信心和奋发图强的精神，增强唯物史观，丰富治国经验，都是很有好处的。同时，我们也要学习和借鉴外国历史。历史知识丰富了，能够“寂然凝虑，思接千载”，眼界和胸襟就可以大为开阔，精神境界就可以大为提高。我提倡领导干部“讲学习、讲政治、讲正气”，而讲政治、讲正气，也是要以丰富的历史知识作基础的。

我相信，这套《中国通史》，一定会有益于推动全党全社会进一步形成学习历史的浓厚风气。①

江泽民同志的这封写于世纪之交的信，精辟地概括了中国历史的宝贵价值及其与史学的密切关系，深刻地阐明了研究、学习中国历史的极其重要性，同时也指出了在21世纪里史学在社会中的重要地位。

“中华民族的历史，是全民族的共同财富。”对于这一论断，我们应有深入的理解。这里说的“财富”主要是指精神财富，即民族的精神传统、民族的文化遗产、民族的智慧积累；这里说的“财富”，也指物质财富，即我们的先人们在历史上

① 《中共中央总书记江泽民给白寿彝同志的贺信》，《史学史研究》1999年第3期。

曾经创造出人类最先进的物质文明，对世界历史的发展产生过重大的影响。从发展的观点来看，认识历史同迈向未来有着密切的联系，因而对于“全民族的共同财富”的珍惜就显得格外重要。

在强调“中华民族的历史，是全民族的共同财富”的基础上，江泽民同志指出：

——全党全社会都应该重视对历史知识的学习。这就是说，凡是有学习能力和学习条件的人，都应该学习历史知识；只有这样，“全民族的共同财富”才能真正转变为现实历史运动中的巨大的精神力量和物质力量。

——特别是要在青少年中普及中国历史的基本知识。青少年朋友具备了中国历史的基本知识，就能更好地认识和继承中华民族的优秀传统，牢固树立爱国主义精神和正确的人生观、价值观，确立为中华民族的伟大复兴做贡献的志向。各级学校近年来都在大力提倡素质教育，尽管说法不一，但对于中国历史的基本知识掌握多少，理解程度如何，是基本素质的一个重要方面，应毋庸置疑。各级学校的教育教学工作应采取有力措施，加强青少年对中国历史之基本知识的学习，促进素质教育的发展。

——党和国家的各级领导干部要注重学习中国历史，高级干部尤其要带头这样做。这对增强民族自尊心、自信心和奋发图强的精神，对增强唯物史观、丰富治国经验，对开阔眼界和胸襟、提高精神境界，都是很有好处的。这是对学习中国历史的很高的要求，因为它关系到各级领导干部的思想境界、精神面貌、治国才能和国家、民族的前途命运。其重要性，当最为突出。

读了江泽民同志的信，不禁联想到上文所引先人们的一些言论，如“大矣哉，盖史籍之为用也”“史之为用，其利甚博，乃生人之急务，为国家之要道”“欲知大道，必先为史”等，可见先人们的卓识和睿智，以及这种卓识和睿智在今天所得到的继承和发扬。

现在，我们可以得到这样的认识：在经济全球化时代，在这个空前开放的历史条件下，中国史学的民族特色和民族精神，仍是史学工作者所应坚持的原则。正如著名哲学家张岱年先生在《经济全球化与中国文化发展道路》一文中所说：

> 在哲学人文科学方面，与自然科学有所不同。哲学人文科学是具有一定的民族性的。我们要了解西方自古希腊以来的哲学人文科学的成就，也要了解中国自周秦以来的哲学人文科学的成就。对于传统文化中的腐朽的内容必

须加以严肃的批判；同时对于传统文化中的优秀的内容必须加以有力的弘扬，在批判继承的基础上发挥创造性的思维，才能建设社会主义新文化。

……

经济趋于全球化，科学技术也将趋于全球化，同时必须保持民族文化的独立性，这才是中国新文化建设的道路。经济趋于全球化，但是各个伟大民族必然保持民族文化的独立性。文化的丰富多彩是世界文化发展的前景。①

这样的认识和理念是符合实际的。21世纪的中国史学将在这样的世界形势和总的格局中开创新的前景。

（原载《史学月刊》2001年第1期）

① 张岱年：《经济全球化与中国文化发展道路》，《光明日报》2000年10月17日B1版。

十讲　史学——我们的一个精神家园

一　为什么要讨论这个问题？

今天我要讲的题目是“史学——人类的一个精神家园”。许多年来我都在想：历史学究竟是什么？历史学在我们的社会生活中究竟占有怎样的地位？为什么总想到这个问题呢？因为现在社会上对历史学有误解，甚至于有错误的认识，认为历史学和我们现实生活的关系很远，历史学不能解决现实中的问题。对于这些误解和不正确的认识，要说轻一点，这是认识的浮浅；要说得重一点，这是对史学的无知。这种认识导致了历史学科的人才不能够被合理地认识和合理地利用，这还是一方面。更重要的是，一个民族、一个国家如果不重视历史学，就会给国家的命运、民族的前途造成损失。我作为一个史学工作者，在这方面有很多很多想法，有时候也感到深深的忧虑。为什么在现实生活中历史学不能够得到合理的认识？为什么许多青年朋友对于进入到历史学这个领域总是感到惴惴不安，甚至于感到很悲观？我想这是由于我们社会对历史学缺乏足够的认识。所以我今天要就这个问题讲一点我的认识，和老师们、同学们共同探讨。上面讲的这个原因是社会的驱动，是客观原因，此外，还有我个人主观上的原因。我是1959年进入北京师范大学历史系学习的，后来我继续在北京师范大学历史系读研究生，从1959年到现在已经40多年了，我至今不悔。不论社会上对历史学有多么不好的评价，我始终不悔。为什么？我从历史学中得到了许多好处——使我对社会、对国家、对民族有一种情结，这种情结用我们现在很流行的一个词是“关怀”，就是对我们的精神家园的关怀。因此，我今天非常愿意讲讲这个题目，和大家共同探讨。

二　如何看待历史学的学科属性和社会价值？

历史学的功能和价值是什么？有人会把它归结为恢复历史的真相，就是要追求历史的真相。历史已经过去了，我们不可能让它再重现，不可能让它再反复。人们只有通过历史资料来“复原”历史。当然，这个复原的历史它不可能真正达到已经过去的历史那样完全相同的面貌，它只能不断接近历史的真相。所以，史学工作者将历史学的任务归结为恢复历史的真相，追求历史的真相。但是我认为这只是历史学的一个任务，只是历史学的一个属性，是它的学科自身的属性，因为历史学本质上要求求真。同时，我们应当看到历史学还有一个社会属性，就是历史学的功能，这一点常常被人们忽略。而如果忽视了这一点，人们就失去了学习历史学的意义和价值，所以我今天要着重讲的是历史学的社会属性。

第一，历史学是人们认识历史的主要途径。我们很难想象一个民族、一个国家，她的人民忘记了历史，那将是一个什么样的民族、一个什么样的国家？因此，我们应该认识历史。我们通过什么去认识历史呢？随着科学技术的发展，我们认识历史的途径可能越来越多。就拿20世纪来说，由于近代考古学的发展，人们可以通过考古材料去认识某一部分历史的真相。可是，那毕竟是片断的、不连贯的，是局部的。此外，人们也可以通过神话、传说、诗文、小说去认识历史，但它们包含想象的、创作的成分太多，同历史的真相相去甚远。当下，又有“口述史”的流行，它对历史文献是一种补充，但是“口述”的内容最终还是要得到相关的其他历史资料的佐证才能成立。总之，人们获得完整的连续的历史知识最主要的途径是通过历史学。我们回顾一下20世纪中国史学发展史，几代历史学家撰写了一百多部中国通史？尽管他们的历史观点不完全一样，甚至于有很大的分歧。但是他们有一个共同的目标，就是要让中国人认识到中国历史是怎么走过来的，这一点今天已经成为常识。但是，当我们走到这一步的时候，我们的前辈付出了多少艰辛、我们经常讲炎黄子孙、统一的多民族国家的历史、几千年文明等等，我们是怎么知道的？我们是通过读历史书而知道的，正因为如此，所以我认为，历史学首先是我们认识历史的主要途径。过去人们说过：一个民族如果忘记了自己的历史，就像一个人失去了记忆一样可怕。一个人如果失去了记忆，过去的事情全部不知道了，多么可怕，所以，我们可以毫不夸张地说，历史学最重要的功能就是它是我们认识历史的主要途径，因为一个民族、一个国家不能够忘记自己的历史。我的老师白寿彝先生讲：忘记了自己的历史，不重视历史和历史学不是一个民族的光荣。这是一个普通的真理，我们所有从事历史学学习和研究的朋友应当理直气壮地坚持这个信念，应当理直气壮地对那些不懂得历史学作用的人进行启蒙教育，而不应该感到自卑。我们获得了这么多历史知识，这是我们的骄傲。我们可以用这种知识为我们的民族复兴，为我们的国家富强做许多工作。同学们，这是我们安身立命的事业。我为什么反复强调这一点？因为我深深感到，在今天，历史学还没有被放到它应该有的位置上。这种认识首先要从我们自身的提高做起，把我们的认识的境界提高到这种程度，我们才能够向别人进行说明，向别人去进行阐述。如果我们自己不能说明历史学的价值，这是我们的缺陷，我们应该弥补这个缺陷，克服这个缺陷，以适应社会对我们的要求。

第二，历史学是治国安邦的智慧宝藏。有一种观点认为，中国过去的历史著作都是政治史，都是为帝王做资治的，好像可以不屑一顾，这个观点不对。所谓“政治史”是什么意思？按我的理解，就是把国家治理好，让社会安定，让人民能够富足，一言以蔽之，治国安邦。历史学就是在丰富的历史经验教训中，给后人治理国家、发展社会提供借鉴。在中国古代史书中，这样的事例太多了，这里我想举一两个讲一讲。大家都知道，刘邦在秦末农民战争以后做了皇帝，刘邦这个人没有太多的文化修养，看不起儒生。有人跟他讲儒家的思想如何如何重要，刘邦说：老子的天下是“马上得之”，我何必要用儒生？有一个胆子大的儒生陆贾就讲：你马上打天下，你能马上治天下吗？你还能够用战争的手段来治天下吗？刘邦这个人悟性很高，听了这句话之后觉得很有道理，说：那你是不是写一写秦为什么失天下？我为什么得天下？还有历史上一些诸侯国的成功、失败，你写一写。后来陆贾写了一部书叫《新语》。他一篇一篇写，写了十二篇。太史公司马迁是这样记载这一事件的：“每奏一篇，高帝未尝不称善，左右呼万岁。”大家想一想，这是怎样的一个场面？我想这是非常庄严而又热烈的总结历史经验的场面。刘邦不是听听而已，刘邦听了以后说写得好、写得好，他把这些经验贯彻到汉初的政策当中去了。大家读过中国通史都知道了汉初实行的政策是“休养生息”，或者说“与民休息”。连续七十多年的“与民休息”，使西汉从汉初的贫困达到了汉武帝时的盛世。我们知道，秦国是中国西部一个落后的诸侯国。后来经过“商鞅变法”一步一步强大起来，又用“连横”的政策“远交近攻”，一个一个把东方六国都打败了，为什么却在那么短的时间就灭亡了？汉初的学者是这样总结的：秦朝之所以灭亡？是因为它不懂得“逆取而顺守之”。所谓“逆取”，就是秦国跟东方六国进行斗争的时候，必须针锋相对，才能够实现统一。如果不针锋相对秦国怎么可以取得天下。可是当秦国取得天下的时候，就要“顺守之”。这个“顺守之”可以有多种解释，我想一个比较接近原来本意的解释应该是“顺乎民意而守之”。但秦朝不是这样，秦朝仍然是用对付东方六国的手段来治国，还是那个老政策。那么这个时候它的对象是谁呢？是百姓。所以实行严刑峻法，非常繁重的徭役，人们不能够交头接耳说话，不能够偶语《诗》《书》，这怎么是“顺守”呢？原来斗争的对象已经都灭亡了，这个政策不改，矛头只能对上了。汉儒这话多么深刻。和这句话相似的还有一句话，是贾谊总结的。贾谊是汉初著名的政论家。他说“取与守不同术也”。要把这个东西拿过来，再把这个东西守住了，战术是不一样的。也就是取的时候要逆取，守的时候要顺守。“取与守不同术也”，这是汉初的人们总结历史经验非常概括的语言。这个经验有没有现实的借鉴价值？大家可以思考，我想还是有一定的借鉴意义的。当我们讲到这个问题的时候，我们就要问道：历史学究竟有多大的价值？眼光短浅的人可以说：历史学不能解决眼前的问题，历史学不能创造出明显的社会价值，不能创造出利润。但是历史学它要产生的作用比再大的利润不知要高出多少倍。

我还想讲一个例子，刘邦当初建都于洛阳，大家知道西汉是建都于长安的，它最初建都于洛阳。这时候有一个很普通的士兵叫娄敬，当部队调防的时候要经过洛阳，娄敬向他的将军提出来，说要见皇上，将军说你见皇上有什么事情？娄敬说有重要事情。将军说：那好，我给你换上好的衣服。娄敬说：不必，我衣帛，衣帛见；衣褐，衣褐见。将军也就算了。娄敬见到刘邦，刘邦说：你见我有什么事情？娄敬说：从历史上看，洛阳不是建都的好地方，是一个四战之地而不可守的地方。刘邦说：那你看应该建都于什么地方？娄敬说：以我看应该建都于关中，关中乃四塞之地，进可以攻，退可以守，这是万全之计。刘邦听了觉得有道理，但还是下不了决心，这时候刘邦的谋士张良回来了，就把娄敬的意见转述一遍。张良说：他说的完全有道理。《史记》上说：刘邦“即日车驾西都关中”，从此建立了二百年江山。娄敬凭借丰富的历史知识提出来的这一条建议价值多少？创造了多少“利润”？无法估量。所以我们说：历史学是什么？历史学是治国安邦的智慧宝藏。可惜，我们今天很多人不懂得这个道理。我们读一部《史记》、读“二十四史”，像我刚才讲的这样的事例不计其数。

我们安徽跟淮河流域关系非常密切，新中国成立以来五十多年了，到今天没有治理好，什么原因？有必要认真总结。原因当然很多。不负责任的人，不能够正确地认识上游、中游、下游关系，是一个重要原因；只顾局部“利益”，不顾大局，也是一个重要原因。淮河的治理必须通盘考虑。我虽然不在安徽生活和工作，我也不敢说天天都在关心淮河，但是我可以告诉大家：我经常想到淮河。几年前我在安徽大学做学术演讲时说过：安徽大学不能对淮河没有发言权。同样，安徽师范大学也应当关心我们周围的生态和环境。这就说到比较具体的历史经验。我们读历史要考虑到现实的问题，跟现实要多结合。

第三，历史学是人生旅途的伴侣。事实上，我们每一个人都离不开历史学。我们是学历史、研究历史学的，当然我们和历史学关系很密切。那么，一般公众来说，历史学距离人们有多远呢？有一篇文章，题目叫作“历史学就在你的身边”。可是很多人意识不到这一点。大家想一想，历史学是不是就在你身边？我们什么时候都离不开历史学。举例来说：你毕业了，你要去求职，你要说是那一年生的，你获过什么奖，等等。你要按照这种方式去思考，你的身边有太多的历史学在帮助着你。有时候你要想一想过去所做的事情对不对，应该怎么做。这不是自身在总结历史经验吗？更重要的是历史学中有大量的历史人物提供了学习的榜样。唐朝有一位很有名的历史学家叫刘知幾，他写过一部书叫《史通》，他在这书中讲：历史都过去了，以前的人都死掉了，我们怎么还能知道谁是好人谁是坏人？我们无法知道。但是我们能知道，为什么呢？因为“史官不绝，竹帛长存”。因为我们中国至晚在西周就有史官，甚至更早就有史官纪事。谁是贤者？谁是不肖者？刘知幾说：“见贤而思齐，见不肖而内自省。”所以说史学是人生旅途的伴侣，其中一个非常重要的根据就是历史上给我们提供了许许多多学习的榜样。在现实生活中，我们能见到的英雄人物、模范人物、先进人物是有限的。从今天来说，雷锋都是历史人物了，由此可以证明，我们所能知道的绝大多数的英雄人物、先进人物、模范人物，都是从历史当中、从历史学当中认识到的。所以说它是人生旅途的伴侣。刘知幾那两句“史官不绝，竹帛长存”，使后人“见贤而思齐，见不肖而内自省”的话，非常重要。一个人的修养，一个人的品德怎么形成的，首先是在实践中形成，但是我们也不能忘记历史学的作用。我们从事历史专业的学习就应当对这个人生哲理有自觉的认识，不仅自己能够认识，而且能够告诉别人这个道理，这非常重要。我读历史、研究历史学四十多年了，我觉得自己沉浸在这个历史学的海洋里，反倒使自己对现实特别关注，不像人们说的历史学都是讲的过去的事情，那是对历史学不了解。人们认识历史、研究历史恰恰是为了现实。就像我们“见贤而思齐，见不肖而内自省”，它也是为了要警示我们现在和将来成为一个正直的人、诚实的人、有作为的人，也是为了现在和未来。我建议大家读一读司马迁《史记》卷一三〇《太史公自序》。司马迁谈到他写列传的时候讲了三句话，这三句话对我们有很大的启发，我愿意跟大家再一次来重温。司马迁讲“扶义俶傥”，我把他解释为主持正义，潇洒有风度，但是他说“扶义”，“扶义”是前提，同时很潇洒、很豪爽。“不令己失时”，我解释为是说那些有见识的人不让自己错过历史的机遇。“立功名于天下”，我把它解释为有社会责任感。要具备这三个条件作列传，写入到《史记》里。这三句话大家想想多么深刻，第一句话是讲“德”，第二句话是讲“见识”，没有见识的人机会来了也抓不住，机会来了也是会丢掉的；下面更重要的是社会责任感——“立功名于天下”。我说历史学是人生旅途的伴侣。我们的先人很久以前就讲过这句话：“多识前言往行，以畜其德。”多了解、多认识前言往行，前贤的、先辈的言论和行为，“以畜其德”，就是积累自己的德，积累自己的德行是为君子。什么叫君子？有修养的人、有见解的人、有作为的人。这就是我们的前辈、我们的先人不知道在多少的历史发展的经验中总结出来的真理性的认识。历史学对我们来讲实在是太重要了。然而，历史学在当今没有得到它应有的地位。但是我们不要悲观。我们要以把历史学学好为荣，这不只是自己的荣耀，是对民族负责，对国家承担责任。我们应该像纪念抗日战争胜利六十周年那些日子里那样地重视历史学、重视历史知识，经常重视历史学，一如既往的、一贯的重视历史学。它不只是为了这个学科，从长远来看是为了民族，为了国家。我过去有一种观念：同学们好好读书，将来都当历史学家，至少是一个称职的史学工作者。我在20世纪80年代中期以前就是这个观念，现在我的观念已经改变了，我希望你们当中有人成为历史学家，也希望你们有人成为社会活动家，成为政治家。我曾经提出建议，考公务员要加重历史知识的分量。这个道理很明显：如果连起码的历史知识都不懂，还可以做好公务员工作吗？作为一个地方“父母官”，连历史知识都不具备，怎样当好“父母官”？因此，我的观念改变了，既希望历史专业的学生中出历史学家，也希望出社会活动家、政治家，还希望出那些具有国士之风的企业家。所谓“国士之风”，不仅仅是以创造利润为己任、以积累财富为己任，更是以国家、民族的前途为己任。这两者不是矛盾的。我读《史记》的《平准书》《货殖列传》，司马迁就批判了当时的一些商人积聚了许许多多的财富，而不佐国家之急。积聚了许许多多的财富，国家有困难了，不来帮助，不佐国家之急，这不是高尚的企业家。在未来的社会里，甚至在现在的社会里，大企业家扮演着越来越重要的角色。如果这些人不具有国士之风，不以国家和民族的命运为己任，他们只知道聚敛财富，不仅不会给国家带来好处，而且还会给国家带来害处。有感于此，我曾写了一篇文章，叫作《传统文化与现代企业的联盟》，发表在《中州学刊》上。事隔多年，我认为这篇文章今天仍然能站得住，所以我非常佩服司马迁讲的“扶义俶傥，不令已失时，立功名于天下”。我希望从事历史专业学习的人当中有人成为史学家、社会活动家、政治家和具有国士之风的企业家。史学是人生旅途的伴侣，这是我最近才使用的说法。有些朋友说“伴侣”这个词不好，我说怎么不好呀，对“伴侣”这个词我们可以赋予新的含义嘛。历史学就在我们身边嘛，它跟随我们一直走到人生的尽头，它是我们忠实的朋友。我们从历史学中得到太多太多的智慧、经验、启迪，这还不是终身伴侣吗？尤其在怎样做人方面，它不仅是伴侣，而且是老师。我觉得不用这个词好像不能把这个意思表达出来，所以说用这个词是恰当的。

三　怎样守护我们的精神家园？

在明确了历史学的学科属性和社会价值的基础上，历史学作为我们的一个精神家园的重要地位，就不难理解了。因此我用这一提法来概括我对历史学的认识：历史学是什么？是我们的一个精神家园。我接触到的一些同学特别欣赏“精神家园”的提法。我学史学史也有很多年了，没有用过这个词，因为这个词浪漫，但是放在这里我觉得非常恰当。“我们的一个精神家园”，我没有说“我们的精神家园”，我要加上“一个”这样的限制词，因为我们讲历史学科的重要性，并不排斥其他学科的重要性。哲学是不是我们的一个精神家园呢？优秀的文学作品是不是我们的一个精神家园呢？应该都是。但是历史学要让人们认识到它是我们的一个精神家园，我们还要做许多工作，尽管它本应如此。关于这个问题，我想从三个方面讲一点认识。

第一，关于民族精神。守护我们的精神家园，首先就要弘扬中华民族的民族精神。毫无疑问，作为炎黄子孙，作为中华民族的一员，我们当然要具有民族精神，不能丧失民族气节，这应该是我们这个精神家园里面最重要的部分。那么我们要问，民族精神从何而来？一个人如果没有一点历史知识，还谈什么民族精神。如果对历史学不重视，还谈什么民族精神。历史学是启迪我们民族精神不竭的源泉。不懂得历史，不懂得中华文明，不懂得中华文明曾经在人类文明史上的伟大创造和伟大贡献，还谈什么民族精神？同学们，我想到这里，我有时候真的不理解，历史学这么重要，不应当有人对它有误解，不应当有人轻视它，甚至于鄙视它。反之，如果有这种情况，那是一种悲哀，我们必须深刻地认识我们自己所从事的这个学科的意义和价值，我们首先从这当中汲取力量，来丰富自己的内心世界，让我们的人生有丰富的内涵。不仅仅是为自己，还是为民族。我常常想，民族精神意味着什么，它是由哪些因素凝聚起来的，我实在说不清楚。但是当我想到屈原，想到李白，想到长江、黄河，就有那种感情，这种感情不就是民族精神的体现？清朝有位黄遵宪，是外交官，也是诗人，也是史学家。黄遵宪写过一本史书《日本国志》，很重要的一本著作。因为他在日本当外交官，写了一本日本史，用中国志书体裁写的一本《日本国志》。黄遵宪有一句诗，叫作“寸寸河山寸寸金”。那就是说祖国的河山是无价的，我想这种感情就是民族精神。如果我们不知道《诗经》，不知道屈原，不知道李白、杜甫，还有好多好多杰出的文学、艺术、科学成就等等，民族精神从哪里来？所以，民族精神从根本上说是来自对于我们民族的历史，对于我们先人在文明史上的创造的热爱和无限崇敬而产生的一种发自内心真挚的情感，这就是民族精神。因此，不懂得历史，行吗？不懂得历史，能有这种发自内心的深厚的感情吗？最近几年我参加过中华炎黄文化研究会所组织的一些活动，其中包括祭祀黄帝陵，祭祀炎帝陵，还有其他许多学术研讨活动。炎帝和黄帝在我们看来是传说，既然是传说，为什么我还要去参加这样的活动呢？因为我觉得他们是中华民族的象征，是中华民族远祖的象征。我参加这些活动有一个主要的根据，也可以说有一个历史学上的根据，就是司马迁的《史记》第一篇《五帝本纪》。《五帝本纪》从黄帝写起，司马迁以后许许多多历史学家写中国历史也从黄帝写起，这件事情从司马迁算起已经两千多年了。这种思想上的认同、文化上的认同、历史上的认同，已经非常深的扎根在我们的民族当中，这已经成为人们的一个共识，这种共识对于中华民族凝聚力的形成、巩固、发展有极其重要的意义。所以我很积极参加中华炎黄文化研究会的活动。我想这个研究会所做的工作反映了民族精神，是我们的一个精神家园。

第二，关于忧患意识。一个人也好，一个民族、一个国家也好，总应该有忧患意识，可见，忧患意识反映了人们对人生，对社会的积极态度，是一种自信的精神。中国古代许许多多的历史学家及其著作，都贯穿着这种忧患意识。司马迁写《史记》，他已经看到了汉武帝盛世出现的问题了，所以他说“见盛观衰”。他很忧虑，所以他写的汉武帝的本纪《今上本纪》，就批评汉武帝。但我们现在读《史记》没有《今上本纪》而是《武帝本纪》。《武帝本纪》是后人把司马迁《史记》中另一篇文章《封禅书》拿来替《今上本纪》。这里我们要特别提到清朝的一位思想家龚自珍。龚自珍讲：“欲知大道，必先为史。”要想懂得大的道理，懂得事情发展的形势，懂得历史发展的法则，必须首先要研究历史，即所谓“欲知大道，必先为史”。我在这里要引用龚自珍的另外一句话，很值得我们思考。他说“士大夫受三千年史氏之书，当以良史之忧忧天下”。他说士大夫读书接受了史官和史学家们三千年来所写的各种史书（他说的三千年比较准确，大致是从西周有国史出现到他那个时候——19世纪中叶）“当以良史之忧忧天下”，即学习优秀的史家的那种忧患意识来考虑天下的治乱盛衰。当我读到这句话的时候，引起我深深的思考。龚自珍这样一个进步的思想家，有近代意识的思想家，为什么要讲这个话？在中国历史上，有一些明君，有更多的贤臣，龚自珍为什么不说“当以明君之忧忧天下”？例如唐太宗忧患意识还是很重要的。至于贤臣那就多了，像魏徵这样的人也是不少的。为什么龚自珍不说“以贤臣之忧忧天下”？而他偏偏要说“以良史之忧忧天下”。我思考过很久，明君之忧、贤臣之忧和良史之忧区别在哪里。我现在还不能给自己做出圆满的回答，但我也试着来说明这个问题。明君之忧、贤臣之忧，因其身份的关系，他们更多的是考虑到当前的问题，由于当前的问题，要解决它，不免要多一点忧患意识，这是可以理解的。而良史之忧，他们的忧患意识是有丰厚的历史经验的积累，他们所考虑的不完全是根据眼前的问题提出来的，他提出问题是带有一种规律性的认识。“良史之忧”，龚自珍这句话反映了我们中国古代以来的历史学家的一种精神境界。这种精神境界、这种忧患意识，是我们精神家园的一个部分。我最近看到中央电视台一个访谈，有一位科学家讲了：我们的“神六”上天了，很大的成功，举国都欢呼。这位科学家讲这是应当的，但是他说：“我们和先进国家的航天技术相比还差得很远很远，我们不能够完全沉浸在一片欢腾当中。”这就是忧患意识。我们今天讲农民问题、中部问题、西部问题，都是非常重要的问题。不能仅仅看到东南沿海发展起来了，不能仅仅看到有少数人先富起来了，还要看到落后，甚至是贫穷。中国的农民不普遍地富起来就很难建设小康社会。所以我们每一个人都要多一点忧患意识。从我们每个人自己来讲，不要忘记了历史学是忠实的伴侣，都要有一点忧患意识。不要有一点成绩就沾沾自喜。我们从事历史学的学习，我们要从我国古代的史学家所写的著作里头去发现他们的思想境界。他们为什么要写这本历史书，目的何在？20世纪80年代，我比较关注中国近代的几位史学家，包括魏源、黄遵宪、王韬，还有边疆史地的研究者张穆、姚莹、何秋涛这些人。当我读到他们所写的书的时候，就深深地被他们那种忧患意识所打动。姚莹，是我们安徽人。他写过一部书《康辅纪行》。在鸦片战争时期，他曾经在台湾率领军队抵抗英军，后奉命考察西藏，曾两次进藏。《康辅纪行》就是他两次进藏考察的札记。我读到它的时候，感到晚清有一批士大夫，真正是忧国忧民。在这部书里面我们看到，作者认识到当时沙皇俄国、英国殖民主义者是如何在觊觎中国的西藏。他指出，外国人研究中国的文字、研究中国的文化，下了很大的功夫，而中国学人研究外国就差远了。所以他呼吁国人应当加强对外国的研究。张穆考察内外蒙古，在森林里头看到了有些标识，木头牌子做的，他以为是路标，仔细一看原来是沙皇俄国的间谍所做的标记，记下这个地方有什么宝藏，张穆大为愤慨。我们生活在今天，我们国家还处在发展当中，是发展中的国家，我们不能够陶醉于已经取得的成绩。尤其是在我们的思想深处，要建立起一种忧患意识，将来不论你们从事什么职业、在什么岗位，都要有为民族、为国家有一种忧患的心情。这种心情，这种意识，是我们的精神家园的一个重要的支柱。

第三，关于爱国主义。爱国主义是我们的精神家园，我们对此都有着深刻的认识。我们热爱我们的国家，热爱我们祖国辽阔的土地，我们因为是一个中国人而骄傲。因为中华民族、中华文明曾经对人类的文明做出了重大贡献。在中世纪，从唐初开始的上千年中，中国一直处在世界文明发展的前列。后来中国落后了，落后的原因有种种不同看法。有人说明朝末年政治腐败，落后了；有人说清兵入关推行闭关锁国政策，落后了。我曾跟明史专家顾诚先生请教过这个问题，诚恳地建议他就这问题做全面的研究，写一本专著。我认为写这本书对于我们认识历史一定有极大的帮助，可惜顾先生已经去世了。我相信，这样的著作终究会有人写出来的，因为这是中国历史上的重大转折。

19世纪中叶爆发鸦片战争，那就不仅仅是落后了，中国就处于挨打的地位了。究竟什么原因？有人也在探讨，譬如说中国的儒家思想、讲经学、不重视科技，束缚知识分子思想，尤其是科举制度知识分子为了要进入仕途，所以就不可能在科学技术上面发展，等等，有各种各样的说法。英国学者李约瑟博士写了《中国科学技术史》，他要从科学技术发展的角度来回答这个问题。他认为中国在古代科技有辉煌的成就，但是后来不行了。可见，在历史上有些事情不那么简单。怎么很好地去总结这个问题，阐明这个问题，是非常重要的。姚莹的《康辖纪行》，建议同学们读一读，这是我们乡贤，他那种爱国的情结，很令人感动。我在读初中的时候，反复读过方志敏的《可爱的中国》，现在这书很少见到了。《可爱的中国》字里行间充满了爱国激情，东三省丢掉了，山河破碎，国人扼腕。我们仿佛听到了方志敏在怒吼，在呼喊、没有这种情感注入我们的血液当中，爱国主义是空谈，不读历史书怎么能行呢？历史学在爱国主义教育、爱国主义精神培育方面所起的作用是非常大的，是任何学科都无法替代的。史学作为人类的一个精神家园，具有普遍的意义。但是，由于各个国家、各个民族的历史发展各有特色，与之相应的史学也呈现出各自的特点。中国历史因具有不曾间断的连续性，故中国史学同样具有连续性的特点，成为反映不曾中断的、连续发展的中华文明的伟大纪录；同时，中国史学因有悠久的历史而积累了丰富的遗产，产生了许多珍贵品；中国是统一的多民族国家，故中国史学还具有反映统一的多民族国家历史进程的特点；中国史书有丰富的内容、多样的形式、生动的表述，故历时愈久而愈益显示出生命的活力，这就是中国史学——我们的一个精神家园的独特的风采。

作者附记：本文是根据作者2005年10月在安徽师范大学的一次演讲录音整理稿写成。安徽师范大学梁仁志、陈敬宇同志为整理录音，费时费心，我衷心地表示感谢。

（原载《安徽师范大学学报》2006年第5期）

后　　记

这是一本小书，但有几件事还是应当说明的。

一、本书所收十篇论文，作于不同的时间，此次编次成卷，其顺序是着眼于论的内容及其相互间的关联，而非着眼于时间先后。

二、书中有的论文所做注释之相关文献的版本，为方便读者查阅，有些已改为目前比较通行的版本；同时，统一了全书注释的体例。

三、博士研究生范宇焜同学协助我整理、编辑文稿，做了许多工作。

四、北京出版社安东先生为出版本书，给予许多帮助，在此，我向北京出版社和安东先生深致谢忱！

瞿林东

2016年7月10日

国家新闻出版广电总局
首届向全国推荐中华优秀传统文化普及图书

大家小书书目

经典常谈	朱自清　著
语言与文化	罗常培　著
习坎庸言校正	罗　庸　著　杜志勇　校注
鸭池十讲（增订本）	罗　庸　著　杜志勇　编订
古代汉语常识	王　力　著
国学概论新编	谭正璧　编著
文言尺牍入门	谭正璧　著
日用交谊尺牍	谭正璧　著
敦煌学概论	姜亮夫　著
训诂简论	陆宗达　著
金石丛话	施蛰存　著
常识	周有光　著　叶　芳　编
文言津逮	张中行　著
中国字典史略	刘叶秋　著
古典目录学浅说	来新夏　著

诗境浅说	俞陛云　著
唐五代词境浅说	俞陛云　著
北宋词境浅说	俞陛云　著
南宋词境浅说	俞陛云　著
人间词话新注	王国维　著　滕咸惠　校注
苏辛词说	顾　随　著　陈　均　校
诗论	朱光潜　著
唐诗杂论	闻一多　著
诗词格律概要	王　力　著
唐宋词欣赏	夏承焘　著
槐屋古诗说	俞平伯　著
词学十讲	龙榆生　著
词曲概论	龙榆生　著
中国古典诗歌讲稿	浦江清　著 浦汉明　彭书麟　整理
唐宋词启蒙	李霁野　著
唐人绝句启蒙	李霁野　著
词学名词释义	施蛰存　著
唐宋词概说	吴世昌　著

宋词赏析　　沈祖棻　著
闲坐说诗经　　金性尧　著
陶渊明批评　　萧望卿　著
舒芜说诗　　舒　芜　著
名篇词例选说　　叶嘉莹　著
唐诗纵横谈　　周勋初　著

门外文谈　　鲁　迅　著
我的杂学　　周作人　著　张丽华　编
论雅俗共赏　　朱自清　著
文学概论讲义　　老　舍　著
中国文学史导论　　罗　庸　著　杜志勇　辑校
给少男少女　　李霁野　著
鲁迅批判　　李长之　著
三国谈心录　　金性尧　著
夜阑话韩柳　　金性尧　著
历代笔记概述　　刘叶秋　著
笔祸史谈丛　　黄　裳　著
古典诗文述略　　吴小如　著

红楼梦考证	胡　适　著	
《水浒传》与中国社会	萨孟武　著	
《西游记》与中国古代政治	萨孟武　著	
《红楼梦》与中国旧家庭	萨孟武　著	
《金瓶梅》人物	孟　超　著	张光宇　绘
水泊梁山英雄谱	孟　超　著	张光宇　绘
《红楼梦》探源	吴世昌　著	
《西游记》漫话	林　庚　著	
细说红楼	周绍良　著	
红楼小讲	周汝昌　著	周伦玲　整理
曹雪芹的故事	周汝昌　著	周伦玲　整理
中国古典小说漫稿	吴小如　著	
三生石上旧精魂——中国古代小说与宗教	白化文　著	
《金瓶梅》十二讲	宁宗一　著	
中国史学入门	顾颉刚　著	何启君　整理
秦汉的方士与儒生	顾颉刚　著	
三国史话	吕思勉　著	

史学要论　　李大钊　著
中国近代史　　蒋廷黻　著
民族与古代中国史　　傅斯年　著
民族文话　　郑振铎　著
史料与史学　　翦伯赞　著
唐代社会概略　　黄现璠　著
清史简述　　郑天挺　著
两汉社会生活概述　　谢国桢　著
中国文化与中国的兵　　雷海宗　著
两宋史纲　　张荫麟　著
明史简述　　吴　晗　著
北宋政治改革家王安石　　邓广铭　著
从紫禁城到故宫
——营建、艺术、史事　　单士元　著
史学遗产六讲　　白寿彝　著
司马迁　　季镇淮　著
二千年间　　胡　绳　著
论三国人物　　方诗铭　著
美术、神话与祭祀　　张光直　著

中国古代衣食住行	许嘉璐　著
中国古代史学十讲	瞿林东　著
中国古代国家的历史特征	张传玺　著
和青年朋友谈书法	沈尹默　著
桥梁史话	茅以升　著
中国戏剧史讲座	周贻白　著
俞平伯说昆曲	俞平伯　著　陈　均　编
新建筑与流派	童　寯　著
论园	童　寯　著
拙匠随笔	梁思成　著　林　洙　编
中国建筑艺术	梁思成　著　林　洙　编
沈从文讲文物	沈从文　著　王　风　编
中国绘画史纲	傅抱石　著
中国舞蹈史话	常任侠　著
世界美术名作二十讲	傅　雷　著
金石书画漫谈	启　功　著　赵仁珪　编
梓翁说园	陈从周　著
旧戏新谈	黄　裳　著
现代建筑奠基人	罗小未　著

世界桥梁趣谈	唐寰澄　著
中国古代建筑概说	傅熹年　著

简易哲学纲要	蔡元培　著
老子、孔子、墨子及其学派	梁启超　著
中国政治思想史	吕思勉　著
天道与人文	竺可桢　著　施爱东　编
春秋战国思想史话	嵇文甫　著
晚明思想史论	嵇文甫　著
谈美书简	朱光潜　著
民俗与迷信	江绍原　著　陈泳超　整理
佛教基本知识	周叔迦　著
希腊漫话	罗念生　著
佛教常识答问	赵朴初　著
大一统与儒家思想	杨向奎　著
孔子的故事	李长之　著
乡土中国	费孝通　著
经学常谈	屈守元　著
墨子与墨家	任继愈　著
汉化佛教与佛寺	白化文　著

出版说明

“大家小书”多是一代大家的经典著作，在还属于手抄的著述年代里，每个字都是经过作者精琢细磨之后所拣选的。为尊重作者写作习惯和遣词风格、尊重语言文字自身发展流变的规律，为读者提供一个可靠的版本，“大家小书”对于已经经典化的作品不进行现代汉语的规范化处理。

提请读者特别注意。

北京出版社